대천덕 신부의
하나님 나라

일러두기
• 본문에 인용된 성경은 새번역을 사용했습니다.
• 이 책은 《신학과 사회에 대한 성경의 가르침》(1994) 개정판입니다.

대천덕 신부의
하나님 나라

지은이_ 대천덕 | 만든이_ 김혜정 | 책임편집_ 송복란
마케팅_ 윤여근, 정은희 | 디자인_ 한영애 | 제작_ 조정규
개정판 1쇄_ 2016년 4월 14일 | 2쇄_ 2018년 4월 23일

펴낸곳_ 도서출판 CUP | 등록번호_ 제2017-000056호(2001.06.21.)
(04549) 서울특별시 중구 을지로 148, 803호(을지로3가, 중앙데코플라자)
T.(02)745-7231 F.(02)6455-3114 | www.cupbooks.com | cupmanse@gmail.com

ISBN 978-89-88042-75-5 03230   Printed in Korea

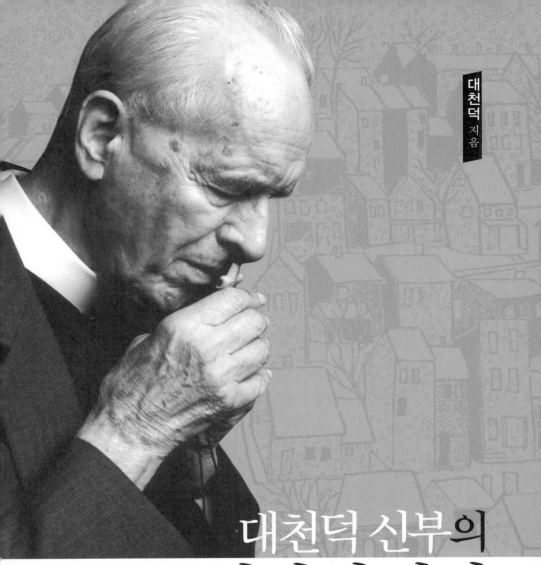

대천덕 지음

대천덕 신부의
하나님 나라

지금 우리 사회에서
하나님 나라를
만들어가기 위하여

CUP

1부 미성숙한 신학의 위험

대천덕 신부의 삶과 신앙을 기리며

양승훈 | 밴쿠버기독교세계관대학원(VIEW) 원장

제가 대천덕_{Reuben Archer Torrey III, 1918-2002} 신부님을 처음 뵌 것은 1978년 가을로 기억됩니다. 그때 신부님은 제가 다니던 한국과학원(현 KAIST) 축제 특강 강사로 오셔서 "기독교와 과학"이란 주제로 강연하셨습니다. 그로부터 오랜 세월 저는 가까이서, 때로는 멀찌감치 떨어져 신부님을 뵈며 살았습니다. 2001년 11월, 밴쿠버에 있는 저희 집에서 신부님 부부를 마지막으로 뵐 때까지(그로부터 반년 뒤 신부님은 낙상하셔서 일어나지 못하셨습니다) 23년간 저는 예수원을 스무 번 이상 방문했습니다. 비록 1997년, 저희 가족이 밴쿠버기독교세계관대학원 VIEW 사역을 위해 캐나다로 이주하면서부터 자주 방문할 기회는 없었지만 그래도 예수원은 늘 마음의 고향이었고, 신부님은 저의 멘토였습니다.

신부님을 처음 뵈었을 때 저는 20대 초반이었고 신부님은 막 60을 지나고 계셨습니다. 그러니 제가 기억하는 신부님은 60세부터 세상을 떠나시던 때까지의 모습이라고 할 수 있습니다. 다시 말해 저는 신부님의 마지막 24년을 지켜보았으며, 그분의 원숙한 모습만을 기억한다고 할 수 있습니다. 하지만 삶의 연륜이 묻어나는 노년의 모습이야말로 진정한 신부님의 모습이 아닌가 생각됩니다.

제가 기억하는 신부님의 모습은 다음 몇 가지로 정리해 볼 수 있습니다.

말씀 중심의 사람

신부님은 말씀에 충실한 복음주의자로 살았습니다. 신부님은 어떤 이슈에 대해서도 늘 말씀의 잣대를 사용하여 판단했습니다. 전문 신학자는 아니었을지라도 한평생 성경 원어사전을 가까이에 두고 성경이 말하는 바가 정확하게 무엇인지를 깊이 연구했습니다. 그렇다고 그분이 경직된 문자주의자는 아니었습니다. 시대마다 하나님께서 주시는 메시지를 분별할 줄 알았고, 상황화의 의미도 정확하게 알고 계셨습니다.

신부님이 기독교대학에 유난한 열정을 가지셨던 것도 말씀에 근거한 교육과 학문이 이루어져야 한다는 확신 때문이었습니다. 언젠가 당시 기독교대학설립동역회(현 기독교세계관학술동역회) 몇몇 지도자들이 찾아갔을 때 이런 얘기를 들려주셨습니다. 어느 기독교대학 교수들 모임에서 "여러분들은 학생들에게 가르치는 내용을 어떻게 성경이나 여러분들의 믿음과 관련시킵니까?"라고 물었을 때 어느 교수님이 "저는 수업에 들어갈 땐 저의 신앙을 강의실 문밖에 놓고 들어갑니다"라고 대답했답니다.

이로 인해 신부님은 소위 기독교대학 교수들일지라도 연구실에 있을 때는 기독교인이지만, 강의실에 들어가면 다른 비기독교인 교수들처럼 인본주의자가 됨을 알게 되었습니다. 그래서 신부님은 교회에서뿐만 아니라 강의실에서도 예수 그리스도를 주님으로 인정하고 성경의 가르침을 따르는 진정한 기독교대학이 설립되어야 한다는 생각을 하게 되었고, 이로 인해 신부님은 기독교대학을 설립하려 모인 학자들 단체인 동역회의 초대 이사장으로 오랫동안 수고해 주셨습니다.*

실천하는 사람

신부님은 말씀을 추상적으로만 붙들고 산 것이 아니라 말씀대로 살기 위해 치열하게 현실에 맞서면서 살았던 분입니다. 성자가 수도원 골방에서 기도하는 동안 깡패들이 세상을 휘젓고 다니는 것을 결코 좌시하지 않았습니다.

실제로 경제적인 불평등과 부조리의 시발점이 토지문제라는 점을 간파하시고 일찍부터 토지는 하나님의 것이라는 레위기 25장의 토지법을 실천하기 위해 노력하셨습니다. 구체적으로 토지에서 발생하는 불로소득을 환수하는 대신 근로소득에 부과되는 세금을 감면하는 지대조세제land value taxation를 실시하면 공평과 효율을 동시에 달성할 수 있다고 증명한 미국 경제학자 헨리 조지Henry George의 이론에 깊은 감동을 받았습니다. 국내 첫 조지스트Georgist로서 헨리 조지의 이론만을 전파한

---

* 대담 "기적으로 세워질 기독교대학을 바라보며" (1993.1.7. 오후 2시 30분, 대천덕 신부 사무실. 조성표 교수 정리)

것이 아니라, 실제로 토지투기로 인한 불로소득이 발생하는 것을 원천적으로 차단하고 진정한 경제정의를 이루기 위해 국회의원이나 정치인들에게 꾸준히 편지도 보내고 때로는 만나서 설득하기도 하셨습니다.

이러한 노력은 곧 고왕인, 이기풍, 전강수 박사 등과 같은 한국인 제자들을 만들었습니다. 신부님의 영향을 받은 사람들은 성경의 희년정신과 원리를 토지제도에 구현하는 운동을 전개하기 위해 1984년 '한국헨리조지협회Henry George Association of Korea'를 결성하였고, 이는 1996년에 '성경적 토지정의를 위한 모임성토모'으로 개칭되었으며, 2010년에는 '성토모'와 '희년토지정의실천운동'이 통합하여 현재의 '희년함께Jubilee & Land Justice Association'라는 단체를 출범시키기에 이르렀습니다.

신부님은 한국 사회에 만연한 낙태 문제에 대해서도 침묵하지 않으셨습니다. 교회가 낙태 문제에 대해 침묵하고 있거나 심각하게 가르치고 있지 않는 현실을 개탄하면서 낙태로 죽어간 어린 생명들을 애도하는 마음으로 한평생 삼베 조각을 앞가슴에 달고 다니셨습니다. 전말을 모르는 사람들이 신부님의 삼베 조각을 보고 가족들 중에 누가 세상을 떠났느냐고 물으면 기다렸다는 듯 낙태 문제의 심각성을 지적하셨습니다!

신부님은 한국 교회와 그리스도인들이 사회 문제에 별로 관심이 없다는 점을 지적하면서 한국 찬송가의 문제를 언급하신 적도 있습니다.

"한국의 찬송가를 보면, 사회에 관한 것이 별로 없습니다. 아마 한두 곡 정도가 있는 것 같습니다. 이것은 한국 교회가 사회에 관심이 별로 없다는 것을 의미합니다. 그러나 이와는 달리 시편에서 다루고 있는 주제는 정부와 사회, 가난한 사람, 사회적 갈등struggle, 전쟁과 같은 실제 문제들입니다. 그러나 우리들의 찬송가에는 천국에 관한 것밖에 없습니다."*

이 외에도 가난한 사람에 대한 그리스도인들과 교회의 책임을 강조했습니다. 신부님은 줄기차게 가난은 정부가 해결할 수 없으며, 그리스도인들과 교회가 이 문제에 책임이 있음을 지적했습니다. 또한 통일에 대해 누구보다도 많은 관심이 있었고, 북한 주민들의 비참한 현실도 외면하지 않았습니다. 성경적 토지관을 가르치는 토지학교와 남북통일을 준비하는 통일학교가 예수원에서 열리는 것은 우연이 아닙니다. 신부님은 말만 앞세우는 분이 아니라 행동하는 분이었습니다!

신학적 포용의 사람

신부님은 신학적으로 보수와 진보의 폭넓은 영역에서 사셨습니다. 이러한 신학적 폭의 배경에는 신부님의 교단적 배경이 깔려 있습니다. 원래 신부님은 장로교 배경의 가정에서 자랐으나 선교에 대한 관점의 차이로 인해 과감하게 장로교를 떠나 성공회 사제가 되었습니다.

유럽의 여러 종교개혁과 마찬가지로 성공회의 시발점인 영국의 종교개혁도 정치 상황과 신학 운동이 결합하여 일어났습니다. 신학적으로 볼 때 성공회 내부에서는 처음에는 루터의 사상을, 나중에는 칼뱅의 사상을 따르는 청교도의 세력이 강했습니다. 19세기 중엽부터 성공회는 세계 성공회의 일치는 물론 다른 개신교단들, 로마 가톨릭교회,

---

* 앞의 글.
** Wikipedia, "성공회."

동방 정교회 등 다른 교단들과의 교제와 일치에 앞장섰습니다.**

이로 인해 성공회는 다른 어떤 교단보다도 포용적이고, 교단 내 각 민족들의 자치권을 인정했으며, 나아가 교회의 하나됨을 지향했습니다. 또한 성공회는 외형적인 의식은 가톨릭을, 내부적인 교리는 개신교를 따르고 있습니다. 성직자를 목사라 부르지 않고 신부 혹은 사제라고 부르는 것이나, 예배를 미사라고 부르는 것, 그리고 실제로 미사를 집전하는 형식을 보면 가톨릭의 것과 큰 차이가 없습니다.

이런 성공회의 신학적 포용성으로 인해 신부님은 개신교의 여러 교단들은 말할 것도 없고 가톨릭이나 동방 정교회 신자들까지 형제라고 부르기를 주저하지 않았습니다. 실제로 예수원에는 꽤 많은 가톨릭 신자들이 방문했습니다. 이러한 신부님의 태도는 자신과 입장이 조금만 다르면 이단 시비를 일삼는 작금 한국 교계에 시사하는 바가 큽니다.

성령의 사람

신부님은 성령의 사람이었습니다. 신부님은 온전한 성령 운동을 제창하셨고, 이를 몸소 실천하였습니다. 현대의 성령 운동이 사회적 책임을 외면하는 경향이 있었던 데 반해, 신부님의 성령 운동은 성경적 토지 운동을 비롯하여 반낙태 운동, 환경 운동, 빈곤퇴치 운동 등 다양한 사회적 이슈에 대해 침묵하지 않았습니다. 일반적으로 사회운동을 하는 사람들은 성령과 기도가 부족하고, 성령 운동을 하는 사람들은 사회적 관심이 부족한데 이 두 가지를 하나로 묶으신 것입니다. 신부님은 "우리 시대의 유일한 희망은 기도와 성령"이라고 주장하며 기도와 성령 안에서 "정의를 추구하는 신앙을 가져야 한다"고 강조했습니다. 의식적으로 진정한 성령 운동과 사회정의를 위한 노력은 분리될 수 없음을 강조했습니다.

"잠시라도 예수원에 있어본 적이 있는 사람은 제가 성령에 대해서 관심을 가지는 것만큼 사회문제에도 관심이 많다는 것을 알게 됩니다. 사실 성령을 구하는 주요 이유들 중 하나는 우리가 국가와 사회에 대한 하나님의 뜻을 아는 지혜를 얻기 위함입니다."*

신부님은 "사회복음Social Gospel"과 "순복음Full Gospel"이 협력하기만 했다면 역사상 가장 위대한 선교운동이 일어났을 것이고, 성경적인 공의가 지구를 휩쓸었을 것이라고 단언했습니다.** 신부님이 지향하신 "사회복음"과 "순복음"의 결합, 어쩌면 이것이 바로 기독교 세계관 운동이 지향하는 바가 아닐까요!

한평생 온전한 성령의 인도를 구했던 신부님은 기독교대학 운동과 관련해서도 다르지 않았습니다. 신부님은 기독교대학 운동을 하는 학자들에게 지식이 아니라 성령의 인도를 받으라고 조언했습니다.

"계속 정진하고 하나님께서 인도하실 것으로 믿으십시오. 야고보서 1장 5절 '여러분 가운데 누구든지 지혜가 부족하거든, 모든 사람에게 아낌없이 주시고 나무라지 않으시는 하나님께 구하십시오. 그리하면 받을 것입니다'라는 말씀처럼 하나님께 지혜를 구하기 바랍니다. 두 마음을 품지 마십시오. 성령께 우리가 이 사역을 계속할 수 있도록 기도하십시오.

---

* 앞의 글.
** 앞의 글.

저는 이 동역회의 활동을 보아오면서 마치 나의 일생의 꿈이 금방 이루어지는 듯한 기쁨을 느끼고 있습니다. 저도 이 일을 위하여 부지런히 기도하겠습니다. 아무쪼록 이 일을 성령께 의지하십시오. 성령께서 이 일을 시작하셨으니 성령께서 이 일을 이루시리라 확신합니다."

당하기도 했지만 신부님은 진심으로 사람들을, 특히 한국인들을 존중하고 사랑했습니다. 사랑하는 척한 것이 아니라 진정으로 사랑했습니다. 신부님은 "사랑으로 진리를 말하고 살면서 speaking the truth in love" 모든 면에서 예수님을 닮기 위해 한평생 진력하신 분이었습니다 엡 4:15.

연구하는 사람

신부님은 한평생 연구하는 학생으로 사셨습니다. 때로 학문을 업으로 삼고 살아가는 저를 부끄럽게 할 만큼 해박하고 늘 지적 호기심이 넘쳤습니다. 성경연구에 많은 시간을 보내시면서도 성경만 읽는 분이 아니었습니다. 강원도 하사미 골짜기에 계시면서도 국제적인 정치, 경제, 사회, 과학, 교육 등 다양한 분야에 대한 공부를 계속하셨습니다. 언젠가 이후 천국에 와서 자신을 찾으려거든 천국 도서관 서고에 오라는 농담을 하시기도 했습니다!

신부님은 독서하는 일에만 부지런한 것이 아니라 세계의 중요한 학자들과 끊임없이 교류하셨습니다. 영어가 모국어인 탓도 있지만 기본적으로 마르지 않은 왕성한 호기심과 탐구심을 갖고 있었습니다. 강요에 의한 공부, 과도한 과외공부에 찌들려 대학을 졸업할 때쯤에는 지적 화석과 관솔이 되어버리는 우리네 모습과는 너무나 달랐습니다. 한평생 부지런한 구도자의 자세를 유지했기 때문에 엄청나게 박식하셨고, 그래서 성경과 신앙에 대해서는 물론, 가정 문제나 남녀 문제, 각종 사회적인 문제에 대해 어떤 질문을 받더라도 거의 막힘없는 대답을 하셨습니다.

신부님은 다양한 학문 분야에 대해 관심을 가졌지만 특히 과학에 관심이 많았습니다. 비록 자신이 전문 과학자는 아니었지만 한평생 과학하는 자세로 신앙생활을 하셨습니다. 늘 신학이나 신앙은 과학과 비슷하다고 하시면서 성경에서 의심스러운 부분이 있다면 실험을 해볼 것을 권하셨습니다. 신앙적 회의를 겪는 사람들에게는 늘 "하나님의 뜻을 따르려는 사람은 누구든지, 이 가르침이 하나님에게서 난 것인지, 내가 내 마음대로 말하는 것인지를 알 것이다"라는 요한복음의 말씀을 인용하시면서 과감하게 실험해 보고 믿으라 도전하셨습니다요 7:17.

세속적 욕망에 초연한 사람

신부님은 세속적 욕망에 초연하셨습니다. 신부님도 젊었을 때는 세상적 야심이 있었을지 모르지만 적어도 제가 뵈었을 땐 세속적 욕망으로부터 초연한 분이셨습니다. 1980년대에 들어서면서 예수원 이야기가 기독교 매체는 물론 세속 매체들에까지 소개되기 시작했습니다. 그러면서 예수원을 찾는 사람들도 많아졌고, 신부님은 점차 유명 인사가 되어가셨습니다. 그러면서 동시에 큼직한 후원을 할 만한 인사들이 이런저런 제안을 하기도 했습니다. 하지만 신부님은 편리함과 생산성, 화려함을 쫓아 골짜기 아래로 내려가지 않고 끝까지 불편한 하사미 골짜기에 머무셨습니다.

한국에 있을 때 수년 동안 저는 어느 변호사와 더불어 사단법인 예수원 이사회의 감사를 맡으면서 예수원 살림살이를 살펴볼 기회가 있었습니다. 그런데 그렇게 많은 사람들이 다녀갔지만 늘 예수원의 재정 상태가 벼랑 끝에 서 있는 것을 보고 놀란 적이 있습니다. 때때로 신부님의 신학과 영성을 비판하는 사람들도 있지만 어느 누구도 그가 세속적 명예나 물질을 탐했다고 비난하는 사람은 한 사람도 없습니다!

언젠가 저는 신부님 내외분이 미국에 안식년을 가 계시는 동안 예수원을 방문했다가 예수원의 배려로 신부님 침실에서 수일간 잠을 잔 적이 있습니다. 침대는 삐거덕거리고, 매트리스는 헐었으며, 방은 침대보다 약간 더 큰 정도로 비좁았습니다. 이런 작은 침대에서 키가 크신 신부님이 어떻게 주무셨을까? 한 평이 채 되지 않는 부엌은 제가 세상에서 본 가장 작은 부엌이었습니다. 여러 해 전에 출간한 저의 수필집 《세상에서 가장 작은 부엌》은 바로 신부님의 부엌이었습니다. 어쩌면 이렇게 좁고 불편한 방에서 한평생을 사셨는지……, 그리고 이렇게 작은 부엌에서 어떻게 그렇게 많은 손님들을 대접하셨는지…….

신부님은 물질이나 세상적 명예에 초연하셨을 뿐 아니라 남녀관계에서도 깨끗하셨습니다. 그렇게 많은 젊은 여자 수련생들이 예수원에서 훈련받았지만, 그리고 수십 년 동안 수많은 사람들이 신부님과 함께 좁은 예수원 공간에서 살았지만 단 한번도 스캔들이 없었습니다. 신부님은 가정의 가치를 소중히 여기셨는데, 가장 모범적인 예가 바로 신부님 자신의 가정이었습니다. 그래서 건강하고 성경적인 가정은 신부님의 단골 강의 메뉴 중의 하나였습니다.

신부님 가정은 정말 아름다운 한 폭의 그림과 같았습니다. 2012년 4월에 91세를 일기로 세상을 떠난 현재인 Jane Grey Torrey, 1921-2012 사모님

대천덕 신부와 현재인 사모

과 1948년에 결혼하신 이래 신부님 부부는 소문난 잉꼬 부부였습니다!
털털하신 신부님의 성품과는 달리 원래 성품이 꼼꼼하고 조용하신 사
모님은 보이지 않는 곳에서 신부님을 내조하시면서 양녀 한 명을 포함
한 1남 2녀를 믿음의 사람들로 키우셨습니다. 그러면서도 대학에서 미
술을 전공하신 사모님은 틈나는 대로 철마다 변하는 태백산맥의 경치,
아름다운 하사미 골짜기의 모습, 눈 덮힌 예수원의 정경을 화폭에 담
았습니다. 지금도 사모님이 그린 눈 덮인 예수원의 정경은 저를 포함
하여 예수원의 겨울 풍경을 기억하는 모든 사람들의 향수를 불러일으
키고 있습니다.

　신부님 부부는 사모님의 그림처럼 아름답고 세속에 물들지 않은 분
들이었습니다. 세속적 욕망에 초연하셨기 때문에 그 옆에 있는 것이
즐거웠고 부담이 없었습니다. 그들은 가까이 가면 갈수록 더욱더 깊은

영성과 거룩함이 묻어나는 분들이었습니다. 그런 분들을 가까이서 뵙고 살았다는 것 자체가 제게는 큰 축복이었습니다.

솔직하고 겸손한 사람

마지막으로 신부님은 솔직하고 겸손한 분이었습니다. 언젠가 예수원 저녁 기도시간에 신부님은 예수원으로부터 많은 은혜를 입고도 떠난 후에 예수원을 비난하는 사람들에 대한 섭섭한 마음을 솔직히 고백하고 그들을 미워한 자신의 죄를 고백했습니다. 그리고 자신이 그런 사람들을 용서할 수 있도록 예수원 식구들과 수련생들에게 안수기도를 요청했습니다. 신부님은 자신이 잘못했다고 생각할 때는 예수원 식구들이나 수련생들에게조차 용서를 구하는 데 조금도 인색하지 않았습니다. 누가 지적하든 말든 아들, 딸과 같은 수련생들 앞에도 주저 없이 무릎을 꿇고 용서를 비는 신부님의 겸손이 오늘의 예수원을 있게한 것입니다!

솔직하고 겸손한 모습은 권위주의와는 아무런 상관이 없었습니다. 존경받는 가문의 선교사로서, 예수원 창립자로서 많은 사람들의 존경을 받으면서도 신부님은 늘 어린아이의 순진함을 잃지 않았습니다.

단 한번이라도 신부님과 개인적인 대화를 나눠본 사람이라면 이렇게 훌륭하면서도 문턱이 낮은 분이 계실까 하는 생각을 하게 됩니다. 그러면서도 아무도 그분의 깨끗한 삶이나 해박한 지식, 깊은 영성으로 인해 주눅 들지 않았습니다. 마음씨 좋은 이웃 할아버지 같은 신부님을 뵈면 누가 뭐라지 않아도 자신의 삶을 모두 드러내고 싶은 마음이 절로 생깁니다. 신부님의 솔직하고 겸손한 모습은 예수원 식구들은 물론 방문객들의 마음을 열어젖히고 치유의 역사가 일어나게 하는 방아쇠였습니다.

이제 신부님을 생각하면서 두서없이 쓴 글을 맺어야겠습니다. 글을 쓰면서 지난 며칠 동안 신부님 생각을 많이 했습니다. 금년은 신부님이 떠나신지 10주기인 해이고, 지난 4월 6일에는 영원히 꽃다운 청춘으로 남아계실 듯했던 현재인 사모님마저 신부님 곁으로 가셨습니다. 육신은 가셨지만 여전히 우리 마음속에 생생하게 살아계시는 신부님과 사모님! 지금이라도 예수원엘 가면 큰 웃음으로 맞아주실 것 같은데 이제 두 분은 천국에 가서나 뵐 수 있게 되었습니다. 그러나 두 분은 가셨어도 그 모습은 우리 마음속에 영원히 살아계실 것입니다. 하나님의 사람으로, 구름 떼와 같이 우리를 둘러싼 수많은 증인들 가운데 계신 두 분을 생각하며 갖가지 무거운 짐과 얽매는 죄를 벗어버리고, 우리 앞에 놓인 달음질을 참으면서 달려가는 것이 우리를 향하신 하나님의 뜻이라고 믿습니다히 12:1.

◆ 이 글은 대천덕 신부의 10주기를 기념하여 〈월드뷰〉(2012.10)에 게재된 글을 바탕으로 보완하여 실었습니다.

주님의 의로 돌아가야 할 때

그리스도의 몸인 교회에 속한 나의 형제들에게 사회문제를 다룬 이 책을 내놓게 된 것을 기쁘게 생각합니다. 이 책은 "미성숙한 신학의 위험"이라는 주제부터 시작하는데, 그 이유는 사회의 제반 문제들을 소홀히 하게 된 것은 바로 미성숙한 신학 때문이라는 생각에서입니다. 이미 '자유주의' 신학이 사회문제를 다루기는 하지만 성경적인 관점에서 다루지 못하고 있습니다. 마르크스주의를 포기한 몇몇 해방신학자들이 성경에 근거한 헨리 조지 사상에서 해결점을 발견하고 있습니다. 헨리 조지 사상은 또한 이 책의 관점이기도 합니다.

이 책은 사회문제를 신학적으로 조망한 후 그 문제들에 대한 성경의 가르침을 세부적인 부분까지 다루고 있습니다. 그러나 모든 것을 빠짐 없이 전부 이야기한 것은 아닙니다. 성경에는 '정의'와 '심판'의 개념을 가진 단어만도 무려 1,200번 이상 언급되고 있습니다. 저는 언젠가 저의 조부의 저서인《성경이 가르치는 것 *What the Bible Teaches*》의 속편으로 "성경이 사회에 관해 가르치는 것 *What the Bible Teaches about Society*"이란 제목의 책을 저술하려고 생각했습니다. 아마 그 책이 이 책 정도의 분량이 되리라고 생각합니다. 제가 그것을 완성할 때까지 살 수 있을지 잘 모르지만 이 책에서 다루는 문제들이 기초적인 이해에 도움이 되리라 믿습니다.

잠시라도 예수원에 머문 적이 있는 사람은 제가 성령에 관해 관심을 가지는 것만큼 사회문제에도 관심이 많다는 것을 알게 됩니다. 사실 성령을 구하는 주요 이유들 중 하나는 바로 우리가 국가와 사회에 대한 하나님의 뜻을 아는 지혜를 얻기 위함입니다. "(당신의) 뜻을 땅에서도 이루어 주십시오"라고 기도할 때 우리는 과연 무엇에 관해 말하고 있습니까? 하나님께서는 이런 것들을 단순히 호기심을 가진 이들에게 보여주시지 않습니다. 야고보서 1장 5~8절과 요한복음 7장 17절 말씀을 보면 어떤 값을 치르든지 하나님께 복종하고, 하나님의 뜻을 따르려는 헌신된 사람들에게만 그런 지혜를 주신다는 사실이 명백합니다.

하나님의 뜻을 행하는 데는 어떤 희생이 따릅니까? 우리가 하나님의 뜻을 몸으로 행할 때 축복받는 것이 아닌가요? 예수께서는 우리가 자기 십자가를 지고 그를 따르지 않는다면 그의 제자가 될 수 없다고 하셨습니다. 예수께서는 돌에 맞아 죽으신 것이 아니라 십자가에 못박히셨습니다. 만일 그분이 불경죄blasphemy와 같은 종교적인 죄로 형벌을 받았다면 돌에 맞아 죽으셨을 것입니다. 그러나 십자가형은 정치적인 죄에 대한 형벌입니다. 마태복음과 누가복음에 기록된 대로 예수께서 그의 공생애 초기에 "온유한 사람(눌린 자)은 복이 있다. 그들이 땅을 차지할 것이다값을 치르지 않고 그들의 권리로"라고 말씀하셨을 때나, "주님의 은혜의 해레위기 25장에서 가르치는 희년를 선포하게 하셨다"고 말씀하셨을 때 당시 대지주이기도 했던 정치 지도자들은 이 말씀을 그들의 제도 전체에 대한 위협, 즉 경제를 성경적인 제도로 회복하려는 위협으로 받아들였습니다. 그때부터 그들은 예수를 죽이기로 결정했던 것입니다.

예수께서 이런 것들을 단지 '영적인' 의미로 말씀하셨을 것이라고 이야기할지 모르겠지만 절대로 그렇지 않았습니다. 예수께서 "내 나라는 이 세상에 속한 것이 아니오"라고 말씀하실 때 사용하신 단어는 '우주kosmos'나 '제도system'였습니다. 그래서 그의 제자들은 예수께서 부활하신 후에 로마의 제도나 지주 제도가 아닌 하나님의 제도에 따라 그의 나라를 세우러 다시 오시리라 생각했고 성경에 근거한 경제 정의의 왕국이 될 것이라고 기대했습니다. 그러나 그 기대와는 달리 그들은 성령의 인도와 능력에 의해 '코이노니아koinonia'라고 불리는 기독교 공동체를 세웠습니다. 그것이 '주님의 은혜의 해'를 자발적이며 계속적으로 완성했던 것입니다. 그때서야 제자들은 예수께서 말씀하신 것이 정부에 의해 강제로 행해지는 것이 아니라, '주님께서 기꺼이 받으실 만한 해the acceptable year of the Lord'이며 '주님의 자의적自意的인 해the voluntary year of the Lord'라는 사실을 깨달았습니다.

우리가 투표권을 행사함으로써 정부에 참여할 수 있는 현대 상황에서 하나님의 제도가 무엇인지를 아는 것은 특히 중요합니다. 세상의 제도(이것은 근본적으로 성경에서 바알의 제도라고 부르는 것과 동일하다)를 더 좋아하는 사람들을 우리가 투표로 이길 수 없을 때 과연 침묵하며 타협해야 할까요? 이것은 콘스탄티누스 황제 때 기독교가 공인되면서

부터 교회가 계속 취해온 방법입니다. 그러나 시편 기자는 시편 71편에서 "내 혀도 온종일, 주님의 의로우심을 말할 것입니다"24절 하고 말했으며 그 다음 72편에서는 '주님의 의 the justice of the Lord'가 무엇인지를 구체적으로 기술했습니다. 그것은 바로 가난하고 궁핍한 사람, 고아와 과부의 문제들을 해결하는 것입니다.

제가 쓴 미가서 6장 8절에 대한 주석에서 저는 정의와 자비의 차이점을 설명했습니다. 즉 자비는 사람들이 당면한 고통을 해결해 주는 비상책들로 이루어져 있는 반면 정의는 가난을 방지할 수 있는 경제적 제도와 법적 제도로 이루어져 있습니다. 범죄의 급증뿐 아니라 많은 나라들에서 꾸준히 계속되는 기아와 질병과 비참한 생활의 원인은 바로 전 세계적으로 식민 정부와 그 뒤를 이은 정부들이 정의를 구현하는 데 실패했기 때문입니다. 성경에 근거한 제도, 혹은 조금이라도 성경의 영향을 받은 제도를 가진 나라들은 빈곤과 실업, 질병, 범죄율이 낮습니다.

우리가 살고 있는 세계를 관찰하고 성경을 읽으면서 저는 매일 '주님의 의'에 관해 말하고 싶은 욕구가 있습니다. 이 작은 책은 주님의 의에 대해 제가 말하고 싶은 것들의 일부입니다. 물론 '주님의 의'에는 사도 바울이 특히 로마서에서 주의 깊게 다룬 영적인 측면들이 있습니다. 그러나 예수께서는 우리가 정의를 행하고 자비를 사랑하지 않는다면 우리의 영적인 관심들은 아무 가치가 없다고 말씀하셨습니다마 23:23.

"너 사람아, 무엇이 착한 일인지를 주님께서 이미 말씀하셨다. 주님께서 너에게 요구하시는 것이 무엇인지도 이미 말씀하셨다. 오로지 공

의를 실천하며 인자를 사랑하며 겸손히 네 하나님과 함께 행하는 것이
아니냐!"^{미 6:8}.

공의를 행하는 것이 먼저입니다. 그 동안 제가 쓴 책들은 대부분 하
나님과 함께 겸손히 행하는 것에 관한 것이었습니다. 이제는 의_{justice}로
돌아가야 할 때입니다.

미성숙한
신학의 위험

이 글은 제가 선택한 제목이 아니고 출판사의 부탁을 받아 준비했습니다. 연구하며 성경 구절을 찾기도 했지만 쓰기 시작할 때까지 깊이 생각하지는 못했습니다. 그런데 글을 쓰기 며칠 전 새벽에 잠이 깼는데 어떤 생각이 떠올랐습니다. 도무지 다시 잠을 이루지 못해 사무실로 내려가 컴퓨터 앞에 앉아 글을 썼습니다. 그 글을 여기 5장에 실었습니다. '미성숙한 신학 때문에 20세기 교회가 큰일 났다'는 내용입니다.

1장

성경이 말하는
성숙한 신학

성경에 '미성숙한'이라는 말은 나오지 않습니다. 대신 '익숙한,' '온전한,' '완전한' 등의 말이 여러 번 나오는데 이것은 '자라난,' '나이가 찬'이라는 말과 함께 모두 희랍어 'teleios'에서 파생되었습니다. 또 그와 동의어인 'tamiym'이 구약에 83번 나오고, '익숙하다,' '성숙하다' 혹은 '온전하다'는 말이 성경에 116번이나 나오는 것을 볼 때 이것은 중요한 문제입니다. 그러나 제가 알기로 교회는 이 문제를 별로 다루지 않습니다. 하지만 분명히 하나님은 우리가 성숙하기를 원하십니다.

성숙한 신학

그러면 '성숙하다'는 것은 무엇일까요? 몇 가지 구절을 하나씩 살펴보면서 성숙한 신학을 확인합시다.

실험된 신학이다

"여러분은 이 시대의 풍조를 본받지 말고, 마음을 새롭게 함으로 변화를 받아서, 하나님의 선하시고 기뻐하시고 완전하신 뜻이 무엇인지를 분별하도록 하십시오"롬 12:2.

미성숙하다는 것은 세상을 본받는 것과 관계가 있습니다. 그러므로 우리가 세상의 비기독교 문화를 본받고 그와 똑같은 사상을 가진다면 우리는 어린아이밖에 되지 못합니다. 어린아이는 어느 것이 좋은지 어느 것이 나쁜지 스스로 판단하지 못하고 받아들이기만 합니다. 그리스도인들이 세상 문화를 그대로 받아들인다면 어린아이와 다름이 없습니다. 이것은 특히 인본주의나 개인주의적인 신학이 세상의 영향을 받았기 때문에 미성숙하다는 것을 의미합니다.

이 말씀은 또한 어느 것이 옳은 말이고 어느 것이 틀린 사상인지 시험해야 한다고 말합니다. 이것은 과학에서 나온 사상 같지만 사실은 옛날부터 성경에 있었습니다. 성경은 확인받으라prove고 말하고 있습니다. 성경에 왜 역사가 많이 나옵니까? 역사는 하나님의 실험실이기 때문입니다. 역사의 시험을 통해서 결과가 무엇인지 알게 되는 것이 성경의 정신입니다. 그러므로 시험test이나 검증없이 다른 사람의 주장이나 가르침을 그대로 받아들이는 것은 미성숙한 것입니다.

또한 이 말씀은 하나님에 대해 관념적으로 생각만 하는 것이 아니라, 하나님이 어떤 분이신지 직접 경험으로 확인하고 또 그분의 뜻이 무엇인지 확인하라고 말합니다. 하나님의 관심은 우리가 하나님의 뜻을 행하는 것에 있습니다. 물론 하나님을 사랑한다고 말하는 것도 좋은 것이지만 진실로 하나님을 사랑하는 사람은 그 뜻대로 행하고자 하는 마음이 분명 있습니다. 그러므로 성숙한 사상은 성숙한 행동으로 나타나게 됩니다. 즉 성숙한 신학은 윤리적인 신학입니다.

세상의 지혜가 아니다

"그러나 우리는 성숙한 사람들 가운데서는 지혜를 말합니다. 그런데 지혜는, 이 세상의 지혜나 멸망하여 버릴 자들인 이 세상 통치자들의 지혜가 아닙니다"고전 2:6.

여기에서 또다시 성숙한 신학이 세상의 지혜나 세상 지도자들의 지혜가 아님이 강조되고 있습니다. 여기에 기독교대학이 안고 있는 문제가 있습니다. 우리는 정부의 인정을 받아야 하지만, 우리의 지혜는 세상의 지혜도, 정부의 지혜도 아닙니다. 기독교대학의 지혜가 정부의 지혜와 다르다면 어떻게 인정받을 수 있습니까? 깊이 생각할 문제입니다.

성숙한 사고와 단순한 태도

"형제자매 여러분, 생각하는 데는 아이가 되지 마십시오. 악에는 아이가 되고, 생각하는 데는 어른이 되십시오"고전 14:20.

이것은 그리스도인의 태도는 어린아이와 같이 단순해야 하지만 사고하는 것은 성숙해야 함을 말합니다.

성령을 통해 하나가 되는 신학

"우리 모두가 하나님의 아들을 믿는 일과 아는 일에 하나가 되고, 온전한 사람이 되어서, 그리스도의 충만하심의 경지에까지 다다르게 됩니다"엡 4:13.

성숙하다는 것은 하나가 되는 것입니다. 에베소서 4장 3절을 보면 성령이 우리를 평화의 띠로 묶어서 하나가 되게 합니다. 성령께서 하나가 되게 하시고 서로 화합하게 하시며 평화를 주십니다. 미성숙한 신학에서 분리가 나옵니다. 성숙한 신학은 하나가 되는 신학입니다.

또한 이것은 성숙한 것이 예수 그리스도를 아는 것과 관계가 있다는 말씀입니다. 책을 통한 학문적 연구만으로는 그리스도를 친히 아는 성숙한 신학에 이를 수 없습니다. 성령을 통해 우리가 하나가 되고, 교제 koinonia 하며, 성령의 권능을 통해 하나님을 친히 알고 성숙하게 됩니다. 우리는 예수님의 수준까지 성장해야 합니다. 이 일을 하시는 분이 바로 성령입니다.

목표를 향해 전진하는 신학

"그러므로 누구든지 성숙한 사람은 이와 같이 생각하십시오. 여러분이 무엇인가를 달리 생각하면, 하나님께서는 그것도 여러분에게 드러내실 것입니다"빌 3:15.

사도 바울은 빌립보서 3장 12절에서 "자기는 이것을 이미 얻은 것도 아니며, 목표점에 다다른 것도 아니기에, 붙들려고 좇아가고 있다"고 이야기합니다. 그러면서 누구든지 성숙한 사람들은 이와 같이 생각해 보라는 권면을 하고 있습니다. 여기서 성숙한 사람은 자기가 성숙하지 않다는 것을 깨달은 사람을 말합니다. 목표가 있고, 항상 목표를 향해 나가고, 나가고, 나가는 것입니다. 뒤에 있는 것을 잊어버리고, 앞에 있는 것을 향하여 몸을 내밀면서, 목표점을 바라보고 달려가는 것이 바로 성숙한 그리스도인의 태도입니다.

그리스도 안에서 출발한다

"우리는 이 그리스도를 전합니다. 우리는 모든 사람을 그리스도 안에서 온전한 사람으로 세우기 위하여 모든 사람에게 권하며, 지혜를 다하여 모든 사람을 가르칩니다"골 1:28.

이 말씀은 골로새서 1장 27절과 관련이 있습니다. "여러분 안에 계신 그리스도요, 곧 영광의 소망입니다." 그리스도 안에서 성숙되기를 원한다면 그리스도께서 우리 속에 계셔야 된다고 말합니다. 이것은 학문적으로 그리스도를 연구하는 것뿐 아니라 그리스도께서 친히 우리 안에 계신 것을 뜻합니다. 성숙한 신학은 그리스도 안에서부터 출발하지만 미성숙한 신학은 그리스도께서 사람 안에 계신지 안 계신지 무관심합니다.

선악을 분별한다

"단단한 음식물은 장성한 사람들의 것입니다. 그들은 경험으로 선과 악을 분별하는 세련된 지각을 가지고 있는 사람들입니다"히 5:14.

여기서도 체험, 경험, 시험하는 것이 강조된 것은 로마서 12장 2절 말씀과 같이 성숙한 신학이 윤리적인 행동으로 나오는 것을 말합니다. 즉 악과 선을 구별할 수 있는 경험입니다.

행동으로 나타나는 신학

"완전한 율법 곧 자유를 주는 율법을 잘 살피고 끊임없이 그대로 사는 사람은, 율법을 듣고서 잊어버리는 사람이 아니라, 그것을 실행하는 사람인 것입니다. 이런 사람은 그가 행한 일에 복을 받을 것입니다"약 1:25.

생각하는 것과 행동하는 것이 함께 성숙해야 합니다. 그러므로 성숙한 신학은 인본주의나 개인주의나 유행하는 것이 아니라, 윤리적인 것이고 그리스도를 친히 아는 것이며 그리스도 안에서 성장하는 것입니다. 또한 개척 정신을 가지고 앞으로 앞으로 목표를 향해 항상 나아가고 뒤를 돌아보지 않으며 스스로 만족하지 않고 교만하지도 않는 것입니다.

성숙한 행동

성숙한 행동에 관한 성경구절을 살펴보겠습니다.

차별하지 않는다

"그러므로 하늘에 계신 너희 아버지께서 완전하신 것같이, 너희도 완전하여라"마 5:48.

앞뒤 문맥과 연결해 보면 이것은 구별이나 차별없는 행동을 하라는 말씀입니다. 우리가 차별을 한다면 완전한 사람이 아닙니다. 아버지께서 차별하지 않으신 것처럼 너희도 차별하지 말라고 하십니다.

과거의 것을 버린다

"예수께서 그에게 말씀하셨다. '네가 완전한 사람이 되려고 하면, 가서 네 소유를 팔아서, 가난한 사람에게 주어라. 그리하면 네가 하늘에서 보화를 차지하게 될 것이다. 그리고 와서 나를 따라라'"마 19:21.

성숙한 행동은 모든 물질적인 것을 자원하는 마음으로 기꺼이 버리고 예수 그리스도를 따라가는 것만 생각하는 것입니다. 이것은 과거의 것은 잊어버리고, 앞으로 나아간다는 바울의 말과 같은 의미입니다. 과거에는 물질이나 혹은 명예에 관심이 많았으나 이제는 다 버리고 앞으로 나가기만 한다는 말씀입니다.

사랑한다

"온전한 것이 올 때에는, 부분적인 것은 사라집니다"고전 13:10.

이것은 사랑에 대한 고린도전서 13장의 일부분이 아닙니까? 성숙한 사람은 사랑하는 사람입니다. 어린아이처럼 사랑을 받으려고만 하지 않고 이기적인 사상과 행동을 버리고 성숙하게 됩니다.

조급해하지 않고 인내한다

"여러분은 인내력을 충분히 발휘하여, 조금도 부족함이 없이 완전하고 성숙한 사람이 되십시오"약 1:4.

성숙한 사람은 많이 인내하고, 성장하고 자라기 위해 시간을 투자합니다. 너무 급하지 않습니다. 너무 바쁘지 않습니다. 성장하는 것은 하룻밤 사이에 되는 것이 아닙니다. 몇 날, 몇 달, 몇 년이 걸릴지 모릅니다. 이것을 알고 때가 되면 완전하게 될 줄 믿는 것입니다.

말에 조심한다

"우리는 다 실수를 많이 저지릅니다. 누구든지, 말에 실수가 없는 사람은 온 몸을 다스릴 수 있는 온전한 사람입니다"약 3:2.

성숙한 사람은 남들에게 피해를 주는 말을 하지 않고 말씀에서 벗어나지 않으려고 늘 말에 조심합니다.

2장
......

미성숙한 신학이란
무엇인가

그러면 미성숙한 신학이란 무엇입니까? 이단입니까? 잘못된 신학입니까? 성경을 보면 이단과 미성숙한 신학은 다릅니다. 갈라디아서 5장 20절을 보면 분쟁과 분열과 파당(이단)에 대한 이야기가 나옵니다. 역사적으로 이단이라는 말에는 다른 뜻이 있습니다. 하나의 새로운 단체를 만들어 '우리는 이렇게 믿는다. 너희들이 틀렸다. 그러니 너희와는 사귈 수가 없다'라고 합니다. 이렇게 다른 단체를 만들었다고 이단異端이라고 하고, 그 단체의 사상을 이단 사상이라고 합니다. 교회사를 살펴볼 때, '이 사람은 이 신학 혹은 저 신학을 믿었기 때문에 이단이 되었다'고 하는 등의 사상 문제가 많습니다.

이단 문제의 본질

그러나 역사적으로 이단 문제가 제기될 때, 살펴보면 경제 문제나 민족 문제가 먼저 있었는지 혹은 신학 문제가 먼저 있었는지 분명히 알 수 있습니다. 예를 들면 북아프리카에 도나투스파Donatists라고 영문표기가 되었지만 주로 교회사에서 '도나투스파'라고 번역되었음가 나올 때, 신학 문제가 먼저 제기되지 않았습니다. 도나투스파 사람들은 가난하고 토지가 없는 사람들이었고, 가톨릭을 믿는 사람들은 비록 사상은 틀린 점이 없었지만 지주였고 세력을 잡은 사람들이었으며 교회도 자기 마음대로 다스리려고 했습니다. 가난한 사람들이 교회를 떠날 수밖에 없었습니다.

이 가톨릭 신자들은 로마인이었고 유럽 사람이었습니다. 본토인인 도나투스파 사람들은 아프리카 사람이요, 아랍이나 레바논을 배경으로 둔 사람으로서 라틴어를 잘 못했습니다. 가난해서 라틴어나 그리스어를 배우지 못한 사람들은 교회에서 자기 입장을 제대로 표현하지 못했습니다. 반면 세력을 가진 사람들은 교만해서 '흥! 나는 상대하지 않겠다'라고 대응했습니다.

교회사에 등장하는 이단 문제는 신학이 우선되지 않았습니다. 민족과 경제가 먼저였습니다. 교회에 세력 다툼이 생기면 언제든지 이단 문제가 나온 것을 볼 수 있습니다.

예수원 생활에도 긴장이 심할 때가 있습니다. 문제가 무엇이냐고 물어보면 도무지 설명을 잘 못합니다. '내가 외국인이니까 할 수 없다'라고 생각하지만, 이것은 한국사람 사이에서 생겨난 문제입니다. 문제가 분명히 있는데, 무엇인지 잘 설명하지 못합니다. 그러곤 엉뚱한 이야기만 합니다.

성숙한 그리스도인은 상대방의 처지를 이해하려고 노력합니다. '왜 저 사람은 떠나려고 합니까? 무슨 이유로?' 자신의 생각으로 판단하지 않고 다른 이유가 있다고 생각합니다. 성숙한 신자는 이렇듯 상대방의 입장, 다른 교파의 입장을 이해하려고 노력합니다. 또 상대방 사람이 소수 집단에 속해 있더라도 다수 집단에 소수의 입장을 이해시키기 위해 애를 씁니다. 싸우기만 하면 끝내 해결되지 않습니다. 서로 이해하고자 하는 권면을 합니다.

그렇게 하기 위해서는 교통 communication 이 있어야 합니다. 이 교통이라는 말은 성경에 몇 번밖에 나오지 않는데 그 중 '성령의 교통'이라는 말이 나옵니다. 성경에서 교통은 원래 물건을 상통하는 것이지만 물건을 상통하기 위해서는 대화로 서로 이해하는 교통도 필요합니다. 교회 안에서 교통하지 못하고 서로 대화가 되지 않을 때 성숙한 사람은 어떻게 해서든 다시 한 번 말을 통하게 하고, 서로 판단하지 않고 화합시키기 위해 계속 기도합니다.

교회사를 보면 옛날부터 교회에서 세력잡은 사람들은 '우리 신학이 옳다. 우리는 정통신학을 한다. 우리는 신학의 본류다'라고 자신들이 세력 잡은 이유를 댑니다. 혹은 세력을 잡기 위해 '너희는 이단이다. 그것은 틀리다. 이 신학이 옳다'라고 주장하기도 합니다. 그러나 이것은 모두 신학을 먼저 생각하는 것이 아니라 세력을 먼저 생각하는 것입니다. 그래서 분노와 미움이 생겨납니다. 그러나 성숙한 신자는 항상 사랑하며, 성숙한 신학은 항상 신학적인 것과 사회적인 것의 차이 사이에 다리를 만들려고 합니다. 물론 그것은 행동으로 나옵니다.

미성숙한 신학이 이단이나 잘못된 신학과는 다르다 하더라도, 그것은 분쟁을 일으키고 당을 짓는 집단정신을 초래합니다. 미성숙한 신학은 시험받아 확인해야 하는데도 생활의 실험실에 들어가기를 싫어하고 이론적인 이야기만 좋아합니다. 또 현 세대의 문화와 타협해서 하나님의 문화가 무엇인지 생각하지 않습니다. 윤리가 없고 개인적으로나 인격적으로 예수 그리스도를 알지 못하며 성령 안에서 평안의 매는 줄로 하나가 되는 것을 지키지 않습니다. 목표를 향해 앞으로 전진하지 않으며 과거에 머물러 있으면서 '우리는 이제 다 왔다. 이제 더 이상 나아갈 필요없다'라고 합니다. 새로운 사상과 새로운 현상을 위한 새로운 적용에 관심이 없고 목표에 이미 도착했고 모든 응답을 받았으니 더 이상 할 말이 없고 더 이상 갈 데가 없다고 생각합니다.

하나의 진리가 전부인 것처럼

미성숙한 신학은 불완전한 신학입니다. 하나의 진리가 전부인 것처럼 여기고 다른 진리를 무시해 버립니다. 우리 신학이 모두 하나가 되면 온전하고 성숙한 신학이 될 수 있지만 이 신학은 이것을 강조하고 저 신학은 저것을 강조하므로 온전히 하나가 되지 못합니다. 실제로 미성숙한 신학자들은 타인의 입장에 대해 듣기를 싫어하고 자기 입장만 강조하고 자기 영역만 옳고 중요하다 여깁니다. 다른 이의 조언을 듣지 않고 서로 대화하지 않으며 자신의 완전하지 못한 한 면만을 주장하기 때문에 결국 미성숙한 신학자가 되는 것입니다.

며칠 전 독일과 영국의 신학자들이 한국에 와서 일주일 동안 강의를 할 때 좋은 말씀들이 많았습니다. 그런데 강의가 끝난 다음 한국 신학자들이 물었습니다.

"그런데 영적인 전쟁에 대한 관심은 없으신지요? 우리 동양에서는 귀신 문제가 제일 큰 문제입니다. 영적인 문제를 취급해야 되지 않습니까? 어떻게 마귀와 싸울 수 있는지, 어떻게 귀신 문제를 해결할 수 있는지……. 그것이 우리 동양의 문제입니다."

아, 대답이 없었어요. 그들은 귀신 문제를 중요하지 않다고 생각합니다. 머리로만 하면 된다는 정신이 강조되고 영적인 문제에는 관심이 없는 것입니다. 자기 주체성을 가지는 것이 나쁘지는 않지만(아니, 좋은 일이지만) 부족한 점이 있고, 한국 문제를 해결하지 못하는 미숙한 것입니다. 어떤 신학자들은 윤리를 무시하고, 어떤 신학자들은 성령의 내적인 역사는 말하지 않고 외적인 것만 강조하며, 또 어떤 사람은 내적인 부분만 강조합니다. 이것만으로는 부족합니다.

또 어떤 이는 그리스도의 유일성과 성육신까지 무시합니다. 그리스도의 성육신을 부인하면 더 이상 그리스도인이 아닙니다. 말씀이 육신이 되셨다는 사상, 하나밖에 없는 하나님의 아들이신 그리스도께서 사람이 되셨다는 사실을 부인하면 그는 더 이상 그리스도인이 아니고 우리는 그 사람과 관계할 수 없습니다. 그런 사람과 이야기를 나누는 것은 대개 시간 낭비입니다. 또 그런 사람은 지나치게 융통성이 많습니다. 불교나 유교, 뉴에이지, 요가에도 다 진리가 있다고 합니다. 그러나 '진리가 있다'라고 하는 것과 '진리이다'라고 하는 것은 다릅니다. 그 여러 가지 안에 진리가 있기는 하지만 어느 것이 진리이고, 어느 것이 버려야 할 것인지는 예수 그리스도가 중심이 되어야 알 수 있습니다.

예수 그리스도가 중심이 되지 않으면 우리가 무슨 법으로 바른 진리를 택할 수 있겠습니까? 대개 뉴에이지 사상과 같은 샤머니즘을 택하게 될 것입니다. 사실 뉴에이지New Age 라고 하지만 옛날부터 있던 샤머니즘일 뿐입니다. 그러므로 예수 그리스도가 중심이 되지 않으면 진리가 될 수 없습니다.

그런 의미에서 우리는 사도신경을 택할 수 있습니다. 사도신경에는 12가지 기본 사상이 나옵니다. 이 사도신경을 인정하는 신학이라면 그것이 불완전하고 미성숙한 신학이라도 우리는 다른 문제에 관해서도 대화할 수 있고, 서로 이해하고 하나됨과 성숙함에 이르기 위해 노력하게 되지만 사도신경을 받아들이지 않으면 우리는 대화할 내용도, 필요도 없습니다. 그러므로 사람들의 마음속에 그리스도가 계심으로써 성령께서 그 사람의 마음과 영혼을 주관하시면 진리를 알 수 있습니다.

미성숙한 신학

성령 없는 해방신학

미성숙한 신학은 불완전한 신학입니다. 결핍된 부분 때문에 안타깝고 불쌍하게 된 신학입니다. 그런 불완전한 신학의 몇 가지 예를 들어보겠습니다. 그 하나는 성령을 무시한 채 가난한 사람들의 해방을 강조하는 것입니다. 그들은 해방 문제에 많은 관심을 가지고 해방신학을 주장합니다. 사실 억압받고 착취당하는 사람들에 대한 하나님의 관심은 얼마나 강한지 모릅니다. 성경에도 매우 자주 그 문제에 대해 언급하고 있습니다. 그러나 성령 없이 해방만 강조하면 성경의 가르침을 올바르게 이해하지 못하게 됩니다.

해방 없는 신학

반대로 성령의 역사만을 강조하고 해방에는 관심이 없는 경우가 있습니다. 사회문제나 윤리 문제에는 전혀 관심이 없고 성령만 강조하는 것 또한 미성숙한 신학입니다. 성령이나 그리스도를 강조하면서도 실제적인 문제, 즉 '빵' 문제가 나오면, "아! 그건 조금만 먹어라. 죽으면 천국에 가서 상도 받고, 배부르게 먹을 것이다"라고 합니다. 그러나 사람들은 "나는 천국에서 빵 먹는 것을 원하지 않는다. 지금 이곳, 이 땅에서 빵을 원한다"고 하면서 공산주의로 빠져버렸습니다.

아편 신학

또 비슷한 것은 '아편 신학'입니다. 칼 마르크스Karl Marx가 "모든 종교는 아편이다"라고 했습니다. 그러나 사실 가장 아편과 같은 신학은 무신론입니다. 왜 그렇습니까? 하나님이 없다고 하면 윤리도 없고 법도 없어져 세력을 잡기만 하면 자기 멋대로 할 수 있기 때문입니다. 마치 아편에 취해 자기 멋대로 행동하는 것처럼 말입니다. 지난 70년 동안 공산국가를 통해 우리는 이와 같은 현상을 직접 확인할 수 있었습니다. 무신론자들은 백성에게 "우리는 인민을 위한다. 이것은 너를 위한 것이다"라고 썩어질 말만 합니다. 그들은 새로운 것을 원하거나 누군가에게 뇌물을 받게 되면 무엇이든 합니다. 그들에게는 법도 없고, 윤리도 없고, 그야말로 뇌물로 정치하는 것입니다. 그러면서 인민에게는 "우리를 믿으라! 우리가 너희를 해방시키겠다!"라고 합니다. 갈수록 해방은 없고 더 허기진 상태가 되었습니다. 칼 마르크스가 '모든 종교는 아편'이라고 했지만 자신의 사상이 가장 강한 아편이 되었습니다.

신학에도 아편과 같은 부류가 있습니다. 그것은 세속적인 기쁨을 주고 병을 고쳐주어 소속감을 갖게 합니다. 그러나 다른 사람에 대한 책임이나 십자가를 지는 일에 관한 이야기는 나오지 않습니다. 오로지 '나, 나, 나……,' 그리스도의 십자가를 통해 '나'의 문제가 다 해결되었다고 "할렐루야!" 소리칩니다. 그러나 예수님은 "네가 나의 제자가 되려면 너의 십자가를 지라!"고 하십니다. '그리스도의 십자가'가 아니라 '나의 십자가,' 나 개인의 십자가를 지라고 하는 것입니다. 즉 나도 십자가를 지는 사람이 되어야 한다는 것입니다. 내가 약한 사람을 위해 싸울 때 세력 있고 강한 사람들이 나를 싫어하고 미워합니다. 오해를 받고 핍박을 당하며 어려운 문제가 생기게 되겠지만 이것이 바로 십자가를 지는 것입니다.

또 아편 신학은 자아가 죽어야 한다는 말을 하지 않아 계속 자기중심적인 사람, 자연적인 사람으로 남게 합니다. 자연적인 사람이 나쁘지는 않지만 초자연적인 것 없이 자연을 위해서만 살면 육체에 속한 육적인 사람입니다. '자연'이라는 말이 성경에서는 육체라는 말이므로 아편과 같은 신학은 육적으로 사는 것을 막지 않는 것입니다. 그래서 초자연적인 생활, 즉 성령 안에 사는 것과 성령의 인도하심을 받는 것은 설명하지 않고, 신자들이 육적으로 기뻐하며 '할렐루야'를 외치기만 하면 잘했다고 만족스러워 합니다.

하나님의 진리는 사람을 아프게 합니다. 고통을 느끼게 합니다. 왜 그렇습니까? 그것은 비록 지금 내게 고통이 없더라도 고통받고 있는 이들의 고통을 나도 져야 하며, 그 고통에 동참해야 하기 때문입니다. 베드로전서에 '그리스도의 고난에 동참한다'(4:13)는 말씀이 있지 않습니까? 우리는 그리스도의 고난에 동참해야 합니다. 지금은 그리스도의 고난에 동참하지만 후에는 그리스도의 영광에 동참하게 됩니다. 그리스도의 고난에 동참하지 않는 자는 그 영광에도 동참할 수 없습니다.

기복 신학

'복음,' '축복' 등 우리 주위에서 흔히 들을 수 있는 말 중에 '복'이라는 말이 있습니다. 이러한 것들은 동양 사상입니다. 실제로 많은 사람들이 종교를 믿는 이유도 복을 받기 위해서입니다. 하나님과 아무 관계없이 마귀의 능력이든 신의 능력이든 혹은 산신의 능력이든 초자연적인 능력을 받아 복을 받겠다는 것인데, 이것이 바로 샤머니즘입니다. 사실 신학에서도 복을 받는 것이 완전히 틀리지는 않지만 그것만 강조하면 미성숙한 신학이 되는 것입니다.

이것은 성경을 한국어로 번역하는 사람들이 신학이나 성경을 충분히 이해하지 못한 상태에서 번역했거나, 또 신학자들이나 선교사들이 한국어에 익숙하지 못한 나머지 틀린 번역이 몇 가지 나왔기 때문입니다. 그다지 놀라운 일도 아닙니다. 놀라운 것은 왜 지금까지 그대로 사용하고 있느냐는 것입니다. 서양에서 그리스어와 히브리어를 배우고 박사학위를 받은 사람이 얼마나 많습니까? 그런데 왜 한국어 성경을 고치지 않습니까? 이런 부정확한 번역들이 고쳐지지 않았기 때문에 오늘날 한국 교회가 불완전한, 미성숙한 신학을 가지게 된 것입니다.

3장

미성숙한 신학은
왜 생기는가

제가 알고 지내는 분 중에 농업 경제학을 가르치시는 한국인 교수 한 분이 있습니다. 그는 미국에서 20년 동안 가르치면서 예수님을 믿었고 교회에 다니게 되었습니다. 그런데 한국에 돌아와서 교회에 나갔는데, '교회'라는 단어가 무슨 뜻인지, 교회에서 하는 말이 도대체 무슨 말인지 이해할 수가 없었어요. 결국 한국어를 쓰는 교회에 가지 않고 영어를 사용하는 교회에 나갔습니다. 사실 한국 교회에서 사용하는 단어 중 이상한 단어가 많아요. 원래 뜻과 아주 다른 인상을 주는 단어가 있습니다.

성경 번역의 문제

복음은 틀렸다

예를 들면 '복음'이라는 말은 틀린 번역입니다. 'evangelia'라는 말

은 '기쁜 소식'이라는 뜻입니다. '복'이라는 말이나 '복음'이라는 말이
나 '복된 소리, 축복받은 소리'라는 것은 샤머니즘에서 나온 사상입니
다. 복은 원래 이교도적이고 자아중심적인 개념입니다. 복음福音이란
단어는 사람들이 예수님을 일단 받아들이기만 하면 자신의 운명이 바
뀔 것이고 이기적인 평안을 누릴 수 있을 것이라는 것을 암시합니다.
그러므로 교회의 중심 사역이 '복음'이라면 우리는 샤머니즘과 다를 바
없습니다.

'기쁜 소식'이라는 말은 무슨 뜻입니까? 예수님께서는 "가난한 사람
이 복음을 듣는다"고 하셨는데, 우리는 '가난한 사람들을 위한 복음'이
라는 말을 별로 들어보지 못했습니다. 그 기쁜 소식이 무엇인지 이해
해야 합니다.

또 예수님은 "나를 따라오려는 사람은, 자기를 부인하고, 날마다 자
기 십자가를 지고, 나를 따라오너라"고 강조하셨습니다. 자기 십자가
를 지고 말입니다. 옛날 미국에는 "No Cross, No Crown 십자가가 없으면 면
류관도 없다"라는 말이 있었어요. 그러나 한국 교회는 이것을 잘 모릅니다.
면류관이 있다고 강조는 하지만 그것을 얻기 위해 값을 치러야 한다는
이야기는 하지 않습니다.

전도는 도리를 가르치는 것이 아니다

그 다음 evangelize라는 말은 '복음화'라고 하기도 하고 '전도傳道'
라고도 하는데 우리는 '전도'라는 말을 많이 사용합니다. 그런데 전도
하는 것이 비록 기쁜 소식을 전한다는 이야기가 나오지 않더라도 '길을
보여준다'는 말로 이해될 때 별 문제가 없지만, 실제 한국에서 이 전도

는 '교리 혹은 도리를 가르친다'는 뜻입니다. 그것은 기쁜 소식을 전하는 것과 관계가 없습니다. 이미 믿고 있는 사람을 지도指導하거나 가르치는 것이지 전도가 아닙니다. 전도라는 말은 그 본래 의미가 다릅니다. 기쁜 소식을 전하는 것, 즉 전도하는 것은 기쁜 소식을 '들었다'는 것이 아니요, 눈으로 '보았다'고 '증거'하는 것입니다. 전도라는 말을 할 때, 흔히 공부를 많이 해서 공부했던 내용을 나눠준다는 의미로 사용하지만 그것은 성경이 가르치는 전도의 의미가 아닙니다. 자기 친구든 친척이든, 누구에게든지 증거하는 것이 전도입니다. '증거'하는 것, 이것은 공부 없이도 충분히 할 수 있는 것입니다.

구속보다는 대속

'구속救贖'이라는 말에도 큰 문제가 있습니다. 한국 사회에서 '구속'이라는 말은 일반적으로 '잡는다' '속박한다' '감금한다'는 뜻으로 사용됩니다. 그러나 성경이 말하는 구속은 정반대입니다! 일반 사람들은 한문을 잘 몰라요. 어떻게 '구원 구救,' '속죄 속贖'인 줄 알 수 있겠습니까? 도무지 알 수 없습니다. 많은 사람들이 교회에 여러 해 동안 나가면서도 아직까지 '구속'이라는 말이 무슨 뜻인지 모르고 설명 한번 듣지 못하고 있습니다. 그들은 예수께서 우리를 잡는 줄 압니다. 큰일 났습니다. 구속이라는 말 대신 '대속代贖'이란 말을 사용하면 별 오해없이 원래의 의미가 전달되지 않을까요?

교통은 사귐이다

'코이노니아'라는 말도 문제가 많습니다. 이것은 한국어 성경뿐 아니라 영어 성경도 문제입니다. 코이노니아라는 말은 성경에 약 70번 나옵니다. 그런데 이 단어를 번역할 때 17가지의 단어들을 사용했습니다. 코이노니아로 그대로 두든지 혹은 '교통'이나 '상통'과 같은 한두 단어로만 번역했다면 잘 이해할 수 있었겠지만 17가지 번역이 나왔으니, 같은 의미인지 아닌지도 잘 모르게 되었습니다.

고린도후서 13장 13절의 코이노니아라는 말이 중국어 성경에는 '성령의 감화, 감동'으로 나옵니다. 한국어 성경에는 '사귐'이라는 말을 사용했는데 이것이 바른 번역입니다. 무슨 뜻인지 정확하게 알지는 못해도 틀리지는 않습니다. 그런데 우리 한국 교회 목사님들이 대부분 축도할 때 "우리 구주 예수 그리스도의 은혜와 성부의 사랑과 성령의 감화, 감동이……"라고 합니다. 그 감화, 감동은 '사귐'과 아무 관계가 없습니다. 이것은 올바른 성경 번역이 아닙니다. 하나님의 말씀을 바꾼 것입니다. 코이노니아라고 하는 것이 제일 중요한 구절입니다. 예수께서 하신 일은 은혜이고, 아버지께서 하시는 일은 사랑이며 성령의 중심은 사귐, 즉 코이노니아인데 그것을 빼고 다른 말을 넣으니 성령론이 틀릴 수밖에 없습니다. 코이노니아가 제일 중요한 성령의 역할인데 이것이 틀리면 다 틀리기 쉽습니다.

교회는 모이는 곳

교회教會라는 말도 틀립니다. '가르칠 교教,' '모일 회會,' 성경에는 이런 단어가 없습니다. 이것은 중국에서 만든 단어로 아마 네스토리안 교회 시대부터 내려온 것 같습니다. 중국 사람들은 가르치는 것에 관심이 많아서 교회가 가르치는 기관인 줄 알았습니다. 또 네스토리안 선교사들도 그런 정신을 가지고 중국에 가서 교회를 설립했습니다. 한국에 온 미국 선교사들 또한 공부를 많이 한 사람들이어서 교회가 한국 사람들을 가르치는 모임인 줄 알았습니다.

그러나 성경을 보면 교회에 해당하는 원어로 'ekklesia'가 있는데 아주 다른 뜻입니다. ek은 '나오라' klesia는 '부른다'는 의미로 ekklesia는 '부름을 받았다'는 뜻입니다. 원래 그리스의 각 마을에는 마을 회의가 있었습니다. 긴급한 문제가 생기면 그것을 알리는 사람이 나팔을 불며 "모이자! 모이자! 모이자!"라고 소리칩니다. 그러면 사람들이 집에서 나와 광장에 모여 중요한 것을 결정합니다. 어떤 때는 전쟁이나 누군가가 온다는 소식을 듣기 위해 모입니다. 그래서 예수님의 제자들이 모일 때 이 말을 사용했습니다. "부름을 받았으니 모이자! 소식을 듣기 위해 모이자! 결정하기 위해 모이자!" 에클레시아는 그런 뜻입니다. 더 나아가 하나님의 부르심을 받아서 우리에게 일자리가 있고, 할 일이 있다는 것입니다. "오라!" 부르셨을 때, 우리는 "주여, 내가 왔습니다"라고 대답해야 하고, 그럴 때 "일하라!"는 명령이 떨어집니다. 교회란 원래 그런 뜻인데, 우리가 '가르칠 교敎'자를 좋아해서 기본적인 뜻이 왜곡되었습니다. 그래서 한국 사람들이 진정한 교회의 의미를 잘 모르고 있습니다.

만약 우리가 '사귈 교交'자를 썼다면 그다지 틀리지 않았을 것입니다. 교회란 성령 안에서 교제하기 위한 모임이고 성령의 코이노니아를 중심으로 한 것입니다. '하나님의 사랑에 관한 이야기와 예수 그리스도의 은혜의 기쁜 소식을 듣고 서로 나눠주기 위해, 같이 교제하기 위해 모인다'라는 의미에서 '사귈 교交'자를 썼다면 훨씬 나았을 것입니다.

충만과 충분

그 다음에 '충만'이라는 말도 문제가 있습니다. 이 문제는 영어 성경 뿐 아니라 그리스어에도 문제가 있습니다. 옛 그리스어 성경에는 '플레레스pleth'와 '플레로오pleroo'가 구별이 없었지만 지금은 컴퓨터로 쉽게 구별할 수 있습니다. '플레레스' 어근을 가진 단어와 '플레로오' 어근을 가진 단어를 서로 비교하면 하나는 '충만,' 다른 하나는 '충분'이라는 의미로, 뜻이 완전히 다릅니다.

'충만'이라는 말은 마치 어떤 기계를 '충전'시키는 것처럼 순간적으로 일시적 능력을 받았다는 뜻이고 다시 재충전이 필요한 상태를 의미합니다. 이 말은 기계화된 세상에서 생겨난 말입니다. 충전받은 사람들은 당시에는 능력을 사용할 수 있지만 마음에 성령이 있는지 없는지 알 수 없습니다. 성령의 충만함을 받은 사람들은 성령의 능력을 가지고 놀라운 역사를 행할 수 있습니다. 그러나 성령의 외적 능력은사만 덧입었다면, 달리 말해서 그 사람이 성령의, '충분'함을 받지 않았다면 예수께서 그에게 무슨 말씀을 하시겠습니까? 마태복음에 있지 않습니까?

> 그 날에 많은 사람이 나에게 말하기를 "주님, 주님, 우리가 주님의 이름으로 예언을 하고, 주님의 이름으로 귀신을 쫓아내고, 또 주님의 이름으로 많은 기적을 행하지 않았습니까?" 할 것이다. 그때에 내가 그들에게 분명히 말할 것이다. "나는 너희를 도무지 알지 못한다. 불법을 행하는 자들아, 내게서 물러가라" 마 7:22~23.

큰일 났습니다. 그 사람은 성령의 충만함을 받고 기적을 행했어요.

그런데도 예수님께서는 도무지 너를 알지 못한다고 하시는 것입니다. 그 사람에게는 성령이 마음속에 들어가지 않았기 때문입니다. 외적 성령만 받았습니다. '충만'만 받고 '충분'을 받지 못했습니다.

성령의 '충분함'을 표현하기 위해서는 '플레로오'라는 그리스어를 따로 사용합니다. 그것은 마치 나무의 진액과 같이 지속적이고 생명을 유지하기에 넉넉할 만큼 채워진 상태를 의미합니다. 나무에 진액이 충분하지 않으면 죽게 되지만 진액이 계속해서 충분하기만 하면 나무는 건강하고 또 열매를 맺게 됩니다. 우리는 하나님이 심으신 나무이고 우리가 모여 이루어진 교회는 하나님의 포도나무입니다. 포도나무 가지마다 진액이 있어야 합니다. 진액이 무엇입니까? 성령입니다. 성령의 충분함을 받으면 열매를 맺습니다. 성령의 충분함을 받으면 거듭난 새로운 피조물이 됩니다.

이 두 단어가 영어 성경이나 한국어 성경에서는 구별이 안 됩니다. 원어로 된 성경을 보아야 정확히 구별됩니다. 성령의 충만함을 받는 것도 중요하지만 그것은 일하기 위해 필요할 뿐입니다. 생명을 유지하고 성장하기 위해서는 성령의 '충분함'을 받아야 합니다. 이것에 대한 오해로 인해 미성숙한 신학이 많이 나온 것입니다.

균형 잡히지 않은 찬송가의 영향

미성숙한 신학이 나오게 된 또다른 이유는 찬송가 가사에 있습니다. 우리의 찬송가는 주로 새로 믿는 사람들, 처음 믿게 된 사람을 위한 것입니다. 보통 처음 예수를 믿어 기쁘고 흥분된 그때 아름다운 성가를 많이 짓는데, 책임감에 대한 말은 별로 없습니다.

"은혜를 받았다! 할렐루야, 할렐루야! 은혜를 받았다! 받았다! 받았다! 받았다……!"

그런데 내가 남들에게 무언가를 주겠다는 말은 별로 나오지 않습니다. 내가 가난한 사람을 위해 싸우겠다고 하는 찬송가가 하나라도 있습니까? 하나 있을 겁니다. 오백 몇 곡 중 하나, 가난한 사람에 대한 말이 있는지 모르겠습니다. 왜 찬송가가 그렇게 불균형하게 되었습니까? 선교사들은 새로 믿는 사람들을 위해서 이것이 필요하다고 생각할 수 있겠지만, 오래 믿은 사람들도 늘 부르는 찬송가에 익숙해져서 다른 것을 원하지 않습니다. 또 지금 예수전도단이나 여러 선교단체들에서 새로 나온 찬송가들이 많은데, 그것도 새로 믿는 사람, 새로 성령 충만함을 받은 사람을 위한 것입니다. 나쁜 것은 아니지만 그것만으로는 부족합니다.

반면에 시편을 보면 갖가지 주제가 다 나와요. 가난한 사람들이 외치는 소리가 얼마나 많은지 모릅니다. 불의 문제, 정의 문제, 경제문제, 정치 문제……. 시편에 다 나옵니다. 옛날 서양 교회에서는 찬송가는 많이 부르지 않고 시편을 불렀어요. 히브리어에서 라틴어로 번역하고 라틴어에서 영어로 번역했기 때문에 부르기 어려웠지만 그래도 문장이 길든지 짧든지 곡조에 맞춰서 노래했습니다. 이것을 찬트chant라고 합니다. 재미있는 것은 아니지만 계속해서 머릿속으로 시편의 사상이 들어갔습니다. 수도원에서는 시편 1편부터 150편까지 한 달에 다 불렀습니다. 그러나 그 후 일반 신도들은 주일 하루만 교회에 나오게 되니 많이 깨닫지 못하게 되었습니다. 그래서 웨슬리 시대에 일반 신도들이 이와 같은 노래를 잘 이해하지 못하고 재미 없어 하니까 찰스 웨슬리가 재미있는 노래를 많이 지었습니다.

그 후부터 지금까지 내용은 별로 생각하지 않고 곡조만 생각하게 되었습니다. 내용이 부족한 찬송이 얼마나 많은지 모릅니다. 방법을 잘 연구해서 시편을 옛날의 한국식 노래로 부르거나 다른 재미있는 방법으로 곡조를 붙여 많이 부르게 되었으면 좋겠습니다. 하지만 무엇보다 그 내용이 중요합니다. 현대 찬송가는 내용이 너무 부족해서 성숙한 신학이 나올 수 없습니다.

미성숙한 신학의 역사적 배경

이제 역사적 배경에 관해 이야기하겠습니다. 어떻게 현대 교회에 이렇듯 미성숙한 신학이 많은지 그 배경을 함께 생각해 봅시다.

구약시대의 교회

교회가 자유가 있을 때와 없을 때 그 임무에 차이가 있어야 하는데 그렇지 못해 미성숙하게 되었습니다. 구약시대에 나오는 사상은 대부분 '책임'입니다. 정치를 위한 책임, 경제를 위한 책임 등, 그러한 책임의식이 교회에 있어야 했습니다. 또 이스라엘은 하나님의 법을 지켜야 했기에 구약시대 교회는 나라 전체를 생각해야 했습니다. 나라 전체를 위한 것이니 당연히 정치 문제, 경제문제, 정의 문제가 다 나올 수밖에 없었습니다.

신약시대의 교회

예수 시대에 이스라엘은 로마의 지배를 받았으므로 자유가 없었습니다. 그때 세력을 지키기 위해 로마 정부와 타협하고 있던 바리새인들과 사두개인들은 예수를 따라가면 로마 정부와 부딪칠 수밖에 없었기 때문에 예수를 무서워했어요. 예수님을 위험한 인물이요 로마의 배반자로 여겨 죽여야만 자신들이 살 수 있다고 생각했습니다. 그들은 자신들이 로마를 반대한다고 말로는 많이 떠들었지만 실제로는 친로마적인 행동을 했습니다. 결국 로마, 헤롯, 빌라도 정권과 유대교 지도자들이 협력해서 기독교를 억압하기 시작했습니다.

기독교는 300년 동안 정치권력과 관계가 하나도 없었습니다. 그래서 윤리 문제를 기대할 수 없었어요. 그 대신 고난을 통해 하나님의 의가 다 나타났습니다. 교회 안에 조그만 천국이 생기고 하나님의 뜻이 땅에서 이루어졌습니다. 하나님의 나라가 땅에 생겼습니다.

교부시대의 교회

전기 니케아 교부들은 교회가 박해받은 분위기 안에 있었기 때문에 그 분위기와 연관된 신학을 배출할 수밖에 없었습니다. 그러나 후기 니케아 교부시대에 교회는 자유를 얻었습니다. 황제가 교인이 되어 황제의 세력과 권력을 교회가 받았습니다. 갑자기 교회는 이스라엘과 유다의 구약시대 왕국들과 똑같은 상황에 놓이게 된 것입니다. 그때부터 교회는 사회문제를 다루어야 했습니다. 그러나 교부들은 전기 니케아 교부들과 별 차이없는 똑같은 사상을 가지고 신학을 했습니다. 윤리문제를 거론하지 않았고, 토지문제, 경제문제 또한 언급하지 않았습니다. 이렇게 교회가 자기의 할 일을 하지 않아서 중요한 부분이 빠진 미성숙한 신학이 생겼습니다.

현대의 교회

현대에 와서 교회가 커졌지만 도나투스Donatus파와 같은 가난하고 억압받는 사람들을 인정하지 않았기 때문에 그 사람들이 교회를 떠나 이슬람에 들어갔습니다. 기독교가 로마 세력이나 로마 정치인들만 인정하고 의義에 관한 말이나 가난한 사람과 소수민족을 위한 말은 하지 않았습니다. 오히려 교회가 로마와 타협해서 이라크, 아랍 같은 동방 사람들이 다 사상적으로 로마 밑에 들어가야 한다고 주장했습니다. 누가 이것을 인정하겠습니까? 서양식 공부를 많이 했던 사람은 "예, 그렇지요"라며 믿겠지요. 그러나 그런 사람은 지주였고 세력잡은 사람이었습니다. 이러니 소수민족은 다 이슬람화될 수밖에 없었습니다.

아일랜드에 가면 똑같은 문제를 볼 수 있습니다. 아일랜드는 스코트족 영국인이 비록 소수지만 세력을 잡고 있어요. 다수는 세력이 하나도 없습니다. 북아일랜드에 가면 경제권은 모두 장로교회에 있고 정치권은 성공회에 있습니다. 다수인 천주교는 경제권도 없고 정치권도 없고 눌림만 받으니까 강하게 반발하게 되었습니다. "성공회 믿기 싫다! 장로교 믿기 싫다!" 사실 장로교인들이 땅을 빼앗았어요. 성공회 교인들이 들어가서 땅을 빼앗았을 뿐 아니라 정치 권력도 빼앗았어요. 그래서 아일랜드 문제는 해결할 수가 없습니다.

그러나 성경에는 해결할 방법이 있습니다. 토지를 다시 아일랜드인에게 돌려주고 사과를 하는 것입니다. "내가 성경대로 하지 않았다. 우리의 신학은 틀리지 않는데 우리의 행동이 크게 틀렸다"라고 사과를 하면 혹 가톨릭교도들이 장로교를 믿을는지 모르겠습니다. 그러나 장로교인들이 교만해서 "흥, 우리는 틀리지 않았다. 우리 땅이다"라고 했습니다. 그러나 자기 땅이 아닙니다. 아일랜드 땅입니다. 스코틀랜드에서 와서 아일랜드 땅을 빼앗은 것입니다.

중동에도 아일랜드와 똑같은 문제가 있습니다. 그래서 12개의 기독교 국가들이 이슬람 국가가 되었고, 지금까지 이슬람 국가입니다. 20세기에도 똑같은 문제로 12개 기독교 국가들이 공산화되었습니다. 교회가 세력을 잡은 지주들과 결탁해서 가난한 사람을 억누르고 이용했기 때문에 가난한 사람들이 무신론자가 되겠다고 교회를 떠났습니다. 지금 후회하지만, 그들이 정말 다시 그리스도인이 될 수 있을지 어떨지는 알 수 없는 것입니다.

지금 중국의 교회는 세력이 하나도 없습니다. 지하교회로서 약하고 억압과 박해를 받고 있으므로 전기 니케아 교부시대의 사상과 비슷하면 됩니다. 그러나 다른 나라들의 교회 문제는 다릅니다. 사회적 영향력이 있습니다.

한국의 교회가 핍박당하는 것 있습니까? 없죠? 돈도 많고 세력도 많습니다. 국회의원 중 30퍼센트가 기독교인입니다. 한국 기독교는 책임이 아주 많습니다. 구약으로 돌아가서 공의 문제를 다루고 토지법도 다루어야 합니다. 지금 토지법에 관심갖는 교회가 있습니까? 없어요. 자신을 위해 기도할 뿐만 아니라 이 나라가 하나님의 법대로 나아가도록 기도해야 합니다. 우리의 신학은 핍박받던 옛날에는 틀리지 않았습니다. 그러나 핍박도 없을 뿐 아니라 세력을 잡은 지금은 달라야 합니다.

4장
......

성숙한 신학을 위한
기독교 교육

동서양의 교육 차이

우리는 교육_{education}에 대한 관심이 많습니다. 그러면 교육이라는 것이 도대체 무엇입니까? 학교에 가서 공부하고, 학위를 받는 것이 교육입니까? 그렇다면 우리 한국 대학에서 가르치는 것은 무엇입니까? 대부분 다 서양에서 나온 것입니다. 한국어로 번역한 서양책을 통해 서양 사상을 배우기 위해 대학에 갑니다. 한국 사상이 무엇이며 동양 사상이 무엇인지 잘 모릅니다. 그러면서 서양 사상 배우는 것을 교육이라고 합니다.

예수원에서 제가 며칠 전에 강하게 깨달은 것이 있습니다. 공부했던 형제, 자매들이 서양 사람들과 똑같이 생각하니 제가 그 사람들과는 잘 통합니다. 왜? 그 사람들이 나와 같은 서양 사상을 가지고 있으니, 그들과 통하는 것은 문제가 없어요. 그런데 공부를 못했던 형제, 자매들은 순 한국 사상밖에 없습니다. 그래서 서양 사람과 대화하기가 힘이 듭니다. 그들이 하는 말이 무엇인지 도대체 이해할 수 없어요. 그 사상이 무엇인지 모르겠어요. 그러나 아하! 이 사람도 역시 교육을 받았다는 것을 깨닫습니다. 생활의 교육, 체험과 경험의 교육을 받은 것입니다. 농사를 지으면서, 공장에서 일하면서 교육을 받았어요. 서양 교육이 아닌 동양 교육을 받았습니다. 서양 교육을 받은 사람과 잘 대화하지 못해 오해가 생기고 서로 대적하게 되며 미워하게 된 것일 뿐입니다.

계급주의 알아차리기

한국 사회에는 계급주의가 강합니다. 공부하지 못한 사람도 한국 사회의 나쁜 점을 가지고 있고, 공부한 사람도 조금 서양화되었을 뿐이지 똑같은 나쁜 점을 가지고 있습니다. "박사가 석사보다 높다. 석사가 학사보다 높다. 어험!" 하는 계급주의가 그대로 있어요.

교회 안에도 계급이 있습니다. 목사, 장로, 권사, 집사, 평신도. 성경에 '평신도'라는 말이 어디 있습니까? 우리 모두 다 성도일 뿐입니다. 아니 '성도일 뿐'이라는 말도 안 됩니다. 성도가 된 것은 놀라운 것입니다. 성도는 거룩하게 된, 성령받은 하나님의 가족입니다.

가족 사이에도 계급이 있습니다. 한 예로 어느 가정에 며느리가 둘 있습니다. 나이는 같아도 그 위치는 같지 않습니다. 계급이 있어요. 학교 다닐 때 친한 친구였지만 결혼하자마자 형님의 부인이 높게 됩니다.

우리 문화에는 하나님의 진리가 있다

동양 문화에 옳은 점이 있습니다. 예부터 하나님의 진리가 있었습니다. 한국 문화가 3천 년 동안 내려온 것도 진리가 그 속에 있기 때문입니다. 만약 진리가 없었다면 그 문화는 완전히 없어졌을 것입니다. 3천 년이나 살아있지 못했어요. 그러나 그 문화들 중에서 어느 것이 진리이고 무엇이 틀렸는지 우리가 성경을 통해 평가해야 합니다. 동양 사상의 좋은 점, 동양 습관의 바른 점은 받아 지키고 나쁜 점은 버려야지요. 서양도 마찬가지입니다. 좋은 점이 있다면 받아들여야지요.

한 예를 들면 '둘 다 필요하다'는 사상입니다. 온전하고 성숙한 사상은 두 가지를 서로 인정하는 것인데 동양의 음양 사상에서 나온 것입니다. 동양의 정신은 '이것이며 저것은 아니다'라는 'either-or'의 정신이 아니라, '둘 다'를 강조하는 'both-and'의 정신입니다. 음만 있어도 안 되고 양만 있어도 안 됩니다. 음양 둘 다 있어야 합니다. 한국 국기인 태극기에 그러한 깊고 기본적인 하나님의 진리가 들어있습니다. 창세기 1장에 하나님이 자신의 형상을 따라 인간을 남녀로 창조하셨으니 그 남녀 관계, 즉 음양은 하나님의 형상인 것입니다. 남자와 여자의 정신이 서로 다르고 남자만 옳거나 또 여자만 옳다고 주장할 수 없습니다. 차이가 있을 뿐 차별이 있어서는 안 되며 서로 필요합니다. 마찬가지로 동양만 옳다거나 서양만 옳다고 주장하며 서로 필요없다고 하는 것은 어리석은 일입니다.

진리와 사랑이 같이 가야

동서양 사상의 차이점이 무엇입니까? 서양 사람들은 진리에 대한 관심이 강한 반면 사랑에는 관심을 두지 않습니다. 그러나 동양 사람들이 제일 많이 쓰는 말이 '정,' '사랑'인 것에서 알 수 있듯이 진리보다 사랑에 더 많은 관심을 둡니다. 왜 동양 사람들이 서로 솔직하지 못합니까? "진리를 말하라"고 하면 사람의 마음을 아프게 해요. 그래서 간접적으로만 이야기해서 중심이 어디인지 찾기 어렵습니다. 그러나 여기에는 이유가 있습니다. 사랑하기 때문입니다.

그래서 어느 한쪽만 강조할 수 없습니다. 성령을 통해 진리와 사랑이 같이 나갈 수 있어야 합니다. 요한2서 1장을 보면 진리와 사랑, 두 가지가 함께 나옵니다. 성령의 사귐koinonia을 통해서라면 진리와 사랑으로 서로 손잡고 함께 나갈 수 있는 것입니다. 기독교 문화의 기초는 이것이어야 합니다. 동서양 문화의 문제점을 각각 파악하고 기독교 문화가 무엇인지 깨달아야 합니다. 이러한 일을 위해 기독교 교육이 필요합니다.

미성숙한 신학이 무엇입니까? 미성숙한 교회는 그리스도의 사랑은 보여주지 않고 서로 싸우는 데 힘을 써 복음을 증거할 힘까지 다 소모해 버리고 있습니다. 또 사랑으로 복음을 전해야 할 이방인들도 쫓아내려고 합니다. 예수님께서는 "내 제자들이 하나가 되면 세상이 믿을 것이다"라고 말씀하셨습니다. 그런데 지금 우리가 하나가 되지 못해 세상 사람들이 그리스도에게서 더 멀어지게 된 것입니다. 진리의 부분만을 가르칠 뿐 어느 누구도 온전한 진리를 가르치지 않고 있습니다.

이렇게 20세기는 가난한 사람들의 문제를 해결하지 못해서 그들을 공산주의자들의 품에 보냈어요. 예수께서는 모든 제자들이 하나가 되도록 기도하시지만 사단은 계속해서 교회가 자신의 입장만을 고집하도록 해 교인들이 서로 손잡고 하나가 되어 세상을 복음화하는 것을 방해합니다. 그래서 세상의 복음화를 외치면서도 함께 일하기 위해 손잡지는 않고 자기 것만 하려고 합니다. "다른 일에는 난 상관없어!"라고 하는 것입니다. 이는 결코 세상을 복음화할 수 없는 태도입니다.

5장

분열된 복음,
20세기의 재난

여러분이 이 글을 읽으면 감화를 받을는지 모르겠습니다. 저는 오늘 아침에 다시 읽고 눈물을 흘렸습니다. 이것은 하나님이 주신 예언말씀입니다 .

◾

"그것은, 내가 주저하지 않고 여러분들에게 하나님의 모든 경륜을 전해주었기 때문입니다"행 20:27. 수세기에 걸친 교회 역사에서 가장 큰 비극은 20세기의 전환점에서 교회가 하나님의 온전한 권고를 선포하는 데 실패했다는 것이다. 토지에 관한 성경적인 가르침을 모든 경제와 경제 정의의 기초라고 해석한 헨리 조지가 이끄는 진보주의자와 가톨릭교도들은 세계가 직면한 절박한 경제문제들에 대한 해답을 성경에서 구하겠다고 선언했고, 그들이 할 수 있는 한 모든 힘을 동원해서 가난의 원인과 싸웠다. 헨리 조지는 그 투쟁에 지쳐서 58세의 나이에 죽었다.

하나님이 성령을 통해 그에게 주었던 초자연적인 능력을 그에게 일깨워 주는 사람이 아무도 없었기 때문에 그의 몸은 소진되었고 그를 따르던 수백만의 추종자들은 지도자를 잃었다.

오순절파는 성령의 초자연적인 능력을 실증하면서 세계를 휩쓸고 있었다. 그러나 그들은 방언의 은사를 문제삼음으로써 그들 자신과 그리스도의 몸된 교회의 다른 사람들을 분리시켜 버렸다. 그들은 비록 가난했지만 '하늘의 상급Pie in the sky, 이 땅에서는 볏짚을 먹더라도 하늘나라에 가면 맛있는 파이를 먹겠다는 도피적 사상'을 설교했고, 당시 헨리 조지가 주도하며 미국과 영어권 나라들을 휩쓸고 심지어 러시아에까지 영향을 미치고 있던 그 거대한 운동을 무시했다. 헨리 조지의 가르침은 "땅을 아주 팔지는 못한다. 땅은 나의 것이다"라는 성경적 교리에 기초하고 있다.

로마 교황도 이에 관한 입장을 발표했으나 그것은 땅과 연루된 재산과 그 밖에 다른 형태의 재산을 구별하는 명확한 성경적 견해를 취하지 못함으로써 혼란만 가중시켰다.

나의 조부이신 토레이R. A. Torrey 목사는 성령세례를 가르쳤다. 그러나 그는 가난한 사람들에게 복음을 전하려면 오순절파를 설득하고 조지스트와 함께 일해야 한다는 것을 알지 못했다. 그는 성령 안에서의 세례, 즉 성령세례를 가르치면서 세계를 두 번 순회했고 불과 2년 뒤에 활발한 활동을 하게 되는 오순절파 운동에 불을 붙였다. 그러나 그들이 방언을 중요시하기보다 성경적 태도를 취하도록 하는 데는 실패했다. 같은 시기에 무디D. L. Moody가 아주 강력하게 성경의 복음을 설교

했지만 헨리 조지가 이끌던 성경적 공의를 위한 운동을 지원하지는 못했다. 반면 자유주의자들은 헨리 조지를 지지했으나 그의 가르침의 근거가 되는 성경적인 기초는 강조하지 않고 논리와 이성에 호소하는 데 만족하고 있었다. 그들은 근본주의자들과 성령의 역사를 무시했기 때문에 능력과 활력을 얻을 수 없었다. 톨스토이는 그 메시지를 이해는 했으나 정통 교회가 회개하도록 설득하지는 못했다.

헨리 조지가 죽은 1898년에는 '온전한 복음전체적인 복음, a whole Gospel'을 위한 요소들이 모두 갖추어져 있었다. 그것은 선교와 성령 안에서의 세례와 오직 성경에 기초를 둔 경제적 정의와 교회에서 성령의 하나되게 하심을 위한 것이었다. 그러나 조지스트들은 분열을 계속했고 근본주의자들도 계속 분열했고 가톨릭교도들은 보편적인 교회라고 하면서도 오히려 그들의 분열을 받아들였으며 교량 역할을 하겠다고 장담하던 영국 국교도들은 아무것도 이어주지 못했다. 그래서 가난한 사람들이 모두 이 분열된산산조각난 복음을 듣고 절망 속에서 레닌에게로 전향했다. 예수님께서는 "그들이 하나가 되면 세상이 믿을 것이다"라고 하셨다. 만일 사회적인 복음Social Gospel과 성령 충만한 복음Full Gospel이 협력하기만 했다면, 세상이 믿었을지도 모르고 역사상 가장 위대한 선교운동이 되었을 뿐 아니라 공의에 대한 성경적인 제도가 이 지구를 휩쓸었을 것이다.

그대신 신은 존재하지 않는다는 레닌의 마르크시즘이 이 세상을 덮쳐, 20세기는 점점 더 깊은 절망 속에 유혈과 폭력, 믿기지 않는 가난과 공공연히 자유라고 외치며 활보하는 음란함, 새로 발생한 끔찍한 질병으로 점철되었고 또 농지가 풍부하고 삼모작이 가능한 나라에서

조차 엄청난 기근이 발생하는 재난의 세기가 되어버렸다. 19세기의 문제들은 이것에 비하면 하찮은 것이었다. 우리는 단지 100년을 잃은 것이 아니라 100년을 퇴보한 것이다. 오늘날 선교 운동은 100년 전에는 존재하는지조차도 몰랐던 종족에게까지 이루어졌지만 아직도 온전한 복음이 전해지지는 못하고 있다.

하나님의 사자들이 서로에게 귀를 기울이고 배우며 하나님의 온전한 권고전체적인 가르침, the whole counsel of God를 선포하는 일에 협력하지 않고 그들 자신들끼리 논쟁하는 데 너무 바쁘기 때문에 공산주의의 붕괴로 생긴 공간에는 이슬람교와 뉴에이지 운동들로 채워지고 있다.

오 하나님, 자비를 베푸소서. 자비를 베푸소서. 우리 눈을 열어주시고 우리로 하여금 회개하게 하소서. 우리가 눈이 밝아지도록 안약을 사서 바르게 하시고 의의 옷을 덧입히소서계 3:18. 우리가 우리의 수치를 가리고 눈을 밝힐 수 있다면 어떠한 희생과 대가라도 기꺼이 치르게 하소서. 오 하나님, 자비를 베푸소서.

⬛

하나님은 교회를 볼 때마다 눈물을 흘리십니다. 그리스도인들이 자유주의자, 복음주의자, 성령주의자, 정통 가톨릭주의자 등으로 나뉘어 서로 하나가 되지 못하고 싸우기만 하니 세상이 무신론, 인본주의, 이슬람 등의 틀린 사상으로 나가고 있습니다. 우리가 100년 전에 하나가 되었다면 20세기가 얼마나 아름다워졌을지 모릅니다. 교회가 하나님이 주신 기회를 버렸습니다.

20세기는 전쟁이 가장 많았고, 아주 심각한 병도 생겼습니다. 굶어 죽는 사람들이 얼마나 많은지, 또한 피난민이 몇 백, 몇 억이나 됩니다. 아마 역사상 가장 참혹한 세기로 남을 것입니다. 교회가 자기의 사명을 버렸기 때문입니다. 미성숙한 신학 때문에 이런 일이 생겼습니다.

주여,
우리를 불쌍히 여기시어
성숙한 사람이 되게 하시고
성숙한 신학을 깨닫고
성숙한 교육을 하게 하소서.
참된 기독교 교육이 무엇인지
참된 기독교 문화가 무엇인지 깨닫고
주의 뜻대로
행할 수 있는 사람과 기관, 교회가
되게 해주시옵소서.
예수 그리스도의 이름으로
구하옵나이다. 아멘

성경적 경제의
기초 원리

2부에서는 경제와 정치 문제에 대해 하나님께서 가르치신 기초적인 원리가 무엇이며 오늘날 우리가 그 원리에 따라 실제로 할 수 있는 일은 무엇인지를 알아봅니다. 신약의 구체적인 가르침과 구약의 가르침 및 그 가르침을 현재 생활에 적용하는 문제를 이야기하겠습니다. 또 분명히 이야기해야 할 것은 첫째, 만약 정부가 허락한다면 우리는 무엇을 할 수 있으며, 둘째로 정부가 허락하지 않으면 어떻게 해야 하는가입니다.

6장
정치와 경제에 대한
성경적 원리

신약의 가르침

얼마 전에 어떤 목사님으로부터 현재 세계에는 매일 4만여 명이 굶어 죽어가고 있다고 들었습니다. 그 숫자가 어떤 근거에서 나온 것인지는 잘 모르겠지만, 실제로 굶어 죽는 사람이 너무 많습니다. 굶주려 죽는 사람을 생각하면 원자폭탄이 터졌을 때보다 더 비참합니다. 히로시마에 원자폭탄이 떨어졌을 때 한꺼번에 12만 5천 명이 죽었는데 지금은 3일마다 그만한 숫자의 사람들이 굶어서 죽어가고 있는 셈입니다. 1년에 120여 개의 원자폭탄이 터지는 것과 다름없습니다. 이것은 심각한 문제입니다. 제가 알기로 세계 역사상 이만큼 심각하고 복잡한 때는 없었습니다.

그러나 이것은 예수를 믿는다고 시인하는 사람들이 성경이 가르치는 대로 행하기만 하면 다 해결할 수 있는 문제입니다. 정부가 어떤 책임을 지지 않더라도 예수 믿는 신자들이 문제를 해결할 수 있습니다. 그러나 문제는 믿는 사람들이 성경의 가르침을 모르고, 또 관심도 없다는 데 있습니다.

성경에 귀신들린 사람이 고침받을 때 돼지들이 떼죽음을 당한 이야기가 나옵니다. 이것을 보고 사람들이 예수님에게 빨리 떠나도록 간절히 부탁했습니다. 하나님이나 사람보다 돼지를 더 귀히 여긴 것입니다. 사람이야 굶어 죽든 말든 나의 돼지(소유)를 지키겠다는 뜻입니다. 그들은 예수께서 돼지에 대해 관심이 없으니 떠나주면 좋겠다고 생각한 것입니다. 지금 예수를 믿는 사람들 중 대부분이 바로 그런 정신을 소유한 사람들이라고 한다면 지나친 말일까요? 물론 믿지 않는 사람들이 그렇습니다만 믿는 사람 중에도 그런 정신을 가진 사람들이 많이 있습니다.

엘리야가 이스라엘 백성에게 "여러분은 언제까지 양쪽에 다리를 걸치고 머뭇거리고 있을 것입니까? 주님이 하나님이면 주님을 따르고, 바알이 하나님이면 그를 따르십시오."라고 했을 때 말로는 "그가 주 하나님이시다!"라고 하면서 행동으로는 따르지 않았기 때문에 결국 그 나라는 망할 수밖에 없었습니다. 지금도 예수께서는 똑같은 말씀을 하십니다.

아무도 두 주인을 섬기지 못한다. 한쪽을 미워하고 다른 쪽을 사랑하거나, 한쪽을 중히 여기고 다른 쪽을 업신여길 것이다. 너희는 하나님과 재물을 아울러 섬길 수 없다 마 6:24.

사람들이 "예수님은 하나님이다," "성령님은 하나님이다," "주님은 하나님이다"라고 외치면서도 실상 섬기는 하나님은 재물입니다. 그렇기 때문에 굶어 죽는 사람들이 있는 것입니다. 이에 대한 성경의 가르침을 봅시다. 이 말씀은 예수께서 교인들에게 하신 말씀입니다.

> 너희는 자기를 위하여 보물을 땅에다가 쌓아두지 말아라. 땅에서는 좀이 먹고 녹이 슬어서 망가지며, 도둑들이 뚫고 들어와서 훔쳐간다. 그러므로 너희를 위하여 보물을 하늘에 쌓아두어라. 거기에는 좀이 먹고 녹이 슬어서 망가지는 일이 없고, 도둑들이 뚫고 들어와서 훔쳐가지도 못한다. 너의 보물이 있는 곳에, 너의 마음도 있을 것이다 마 6:19~21.

이것은 성경의 기초적인 가르침입니다. 영적인 문제에 대해 아무리 말을 많이 해도 문제는 그 사람의 마음이 어디에 있느냐는 것입니다. 과연 사람의 마음이 어디에 있겠습니까? 그 사람의 물질이 어디에 있는지 알면 마음이 어디에 있는지 알 수 있고, 그 마음이 어디에 있는지를 알면 그 사람의 영적인 상태를 알 수 있습니다. 오늘날 교회가 영적인 이야기를 얼마나 좋아하는지 모릅니다. 물질적인 이야기는 되도록 피하려고 합니다. 그러나 예수님은 "네 물질과 보배가 있는 그곳에 너의 마음도 있다. 네 마음이 땅에 있다면 네 영도 하늘에 있을 수 없다"라고 하셨습니다. 성경을 처음부터 끝까지 바르게 해석하기 위해서는 이 원리를 알아야 합니다. 성경에는 물질 문제를 언급하는 구절이 얼마나 많은지 모릅니다.

첫째 구절은 창세기 1장입니다. 하나님께서 친히 물질을 창조하셨다는 내용입니다. 그래서 성경은 물질을 중요하게 여깁니다. 사람도 몸을 가지고 살아야 하기 때문에 물질적인 문제를 무시해 버리면 진리를 바르게 알 수 없게 됩니다. 그런데 불교는 그것을 믿지 않고 물질이 악하다고 하면서 영적인 문제만 다룹니다. 그런 불교 사상이 교회에 많이 스며들었고, 또 성경을 해석하는 사람들 대부분이 물질적인 문제를 영적인 문제에 대한 비유로만 생각하고 실제적인 것을 무시합니다. 그런데 예수님께서는 어떻게 이야기하십니까? "너의 보물이 있는 곳에, 너의 마음도 있을 것이다"라고 하십니다.

"그러므로 무엇을 먹을까, 무엇을 마실까, 무엇을 입을까, 하고 걱정하지 말아라. 이 모든 것은 모두 이방사람들이 구하는 것이요. 너희의 하늘 아버지께서는, 이 모든 것이 너희에게 필요하다는 것을 아신다"마 6:31~32.

물질은 필요없는 것이 아닙니다! 하나님께서는 이것이 우리에게 필요한 것인 줄 아십니다. 하나님은 우리 아버지시기 때문입니다. 그러나 물질을 구하되 "너희는 먼저 하나님의 나라와 하나님의 의를 구하여라"마 6:33a고 하십니다.

하나님 나라를 구하라는 말이 죽어서 천당 가라는 말입니까? 많은 교회들이 하는 말을 들어보면 충분히 그런 인상을 받을 수 있습니다. 그것이 사실이라면 죽기만 하면 곧 하나님의 나라로 가게 되는 셈이지요. 죽으면 천당 간다고 하고 천당이 하나님의 나라라고 한다면 문제는 간단합니다. 그러나 성경의 가르침은 그렇지 않습니다.

'하나님의 나라'는 '이 땅에서 의를 이루는 것'입니다. 성경은 "그 의를 찾으라! 정의를 실현하라! 그리하면 이 모든 것을 너희에게 더하겠다"고 하십니다. 물질적인 문제를 해결하되, 자신의 문제만 해결하지 말고, 네 이웃의 문제도 해결하라고 하십니다. 주의 나라를 구하는 것은 '이웃을 돕는 것'입니다. 당신이 속한 사회에서 정의를 위해 노력한다면 하나님께서는 당신의 개인 문제도 해결해 주실 것입니다.

얼마 전에 멕시코시티에서 천주교의 성직자들과 수사, 수녀들의 모임이 있었는데 그곳에서 이런 말이 나왔습니다. "내가 가난해서 먹을 것이 부족하다면 그것은 내 개인의 문제다. 그러나 나의 이웃이 가난하다면 그것은 영적인 문제다." 이것이 바로 성경의 가르침입니다. 남미 사람들의 방법론에 문제점이 있기는 하지만 그들의 기초적인 가르침은 옳은 것입니다. 나의 이웃에게 경제적인 문제가 있다면 그것은 나에게는 영적인 문제입니다. 왜 그런지 마태복음 6장 33~34절을 다시 보도록 합시다.

너희는 먼저 하나님의 나라와 하나님의 의를 구하여라. 그리하면 이 모든 것을 너희에게 더하여 주실 것이다. 그러므로 내일 일을 걱정하지 말아라. 내일 걱정은 내일이 맡아서 할 것이다. 한 날의 괴로움은 그 날에 겪는 것으로 족하다.

디모데후서 3장 1~5절에는 말세에 관한 이야기가 나옵니다.

"그대는 이것을 알아두십시오. 말세에 어려운 때가 올 것입니다. 사람들은 자기를 사랑하며, 돈을 사랑하며, 뽐내며, 교만하며, 하나님을 모독하며, 부모에게 순종하지 아니하며, 감사할 줄 모르며, 불경스러우며, 무정하며, 원한을 풀지 아니하며, 비방하며, 절제가 없으며, 난폭

하며, 선을 좋아하지 아니하며, 배신하며, 무모하며, 자만하며, 하나님보다 쾌락을 더 사랑하며, 겉으로는 경건하게 보이나, 경건함의 능력은 부인할 것입니다. 그대는 이런 사람들을 멀리하십시오."

이것은 불신자들에 대한 말이 아니라 교인들에 대한 말입니다. 이들은 교회 잘 나오고, 성가 잘 부르고, 예배 잘 드리고, 미사에 잘 참여하고 영성체 잘하는 등 모든 종교적 모양은 갖추고 있지만 경건의 능력은 부인합니다. 오늘날 그런 교회를 많이 볼 수 있습니다. 예배는 아름다운데 능력이 없습니다.

사도행전 한 구절을 봅시다. 제가 부정적인 말부터 시작했지만 여기에는 긍정적인 말이 나옵니다.

> 그들이 기도를 마치니, 그들이 모여 있는 곳이 흔들리고, 그들은 모두 성령으로 충만해서, 하나님의 말씀을 담대히 말하게 되었다. 많은 신도가 다 한마음과 한뜻이 되어서, 아무도 자기 소유를 자기 것이라고 하지 않고, 모든 것을 공동으로 사용하였다 행 4:31~32.

성령충만에 관한 이야기가 나오고, 이어서 물질에 대해서도 이야기합니다. 이 초대 성도들이 물질에 관심이 없었던 것은 아닙니다. 다만 물질이 자기 혼자만의 것이 아니라 모든 사람들을 위한 것이라는 시각을 가졌습니다. 그들은 모든 것을 함께 나누어 썼습니다. 그러면서 그들이 물질적인 문제만 취급합니까? 결론이 어떻게 되었습니까? 33절을 보십시오.

사도들은 큰 능력으로 주 예수의 부활을 증언하였고, 사람들은 모두 큰 은혜를 받았다.

그때 경건의 모양뿐만 아니라 경건의 실제 증거와 능력이 나타났습니다. 반대로 현대 교인들은 자신의 소유를 서로 나누지 않습니다. 서로에 대해 별로 관심도 없고 공동으로 사는 것은 공산주의 사상이라고 하면서 "내 것은 내 것이고, 십일조만 내면 됐지 뭐!"라고 말합니다. 또 사도들과 달리 교회 지도자들에게는 능력이 없습니다. 경건의 모양은 있으되 그 능력은 부인하는 모습입니다. 현대 교회는, 초대 교회가 경건의 모양이나 기도뿐 아니라 기도한 다음 하나님의 뜻대로 재산을 나누기 시작함으로써 능력이 나타났다는 사실을 명심해야 할 것입니다.

우리가 경제 문제, 즉 실제적인 재물 문제를 해결하지 못하면 성령께서 역사하지 않으실 것입니다. 디모데전서 6장 1~10절에서 사도 바울은 디모데를 통해 교인들에게 경제적인 가르침을 주고 있습니다. 8~10절만 봅시다.

우리는 먹을 것과 입을 것이 있으면, 그것으로 만족해야 할 것입니다. 그러나 부자가 되기를 원하는 사람은, 유혹과 올무와 여러 가지 어리석고도 해로운 욕심에 떨어집니다. 이런 것들은 사람을 파멸과 멸망에 빠뜨립니다. 돈을 사랑하는 것이 모든 악의 뿌리입니다.

왜 지금 세상에서는 3일마다 원자폭탄이 떨어지는 것과 다름없이 12만 5천 명의 사람들이 죽어가고 있습니까? 돈에 대한 사랑 때문입니다. "돈을 사랑하는 것이 모든 악의 뿌리입니다. 돈을 좇다가, 믿음에서 떠나 헤매기도 하고 많은 고통을 겪기도 한 사람이 더러 있습니다." 교인 중에 부자가 있다면 해줄 말이 무엇입니까? 17절부터 봅시다.

> 그대는 이 세상의 부자들에게 명령하여, 교만해지지도 말고, 덧없는 재물에 소망을 두지도 말고, 오직 우리에게 모든 것을 풍성히 주셔서 즐기게 하시는 하나님께 소망을 두라고 하십시오. 또 선을 행하고, 좋은 일을 많이 하고, 아낌없이 베풀고, 즐겨 나누어 주라고 하십시오 딤전 6:17~18.

다 주라는 말이 아닙니다. 그러나 항상 나눠줄 마음을 준비하고 있다가 성령께서 인도하시는 대로, 필요할 때 나눠주라는 것입니다. 한꺼번에 다 버리는 것처럼 할 것이 아니라 책임감 있게 해야 합니다. 당신이 만약 부자라면 돈을 이용할 줄도 알고 지혜도 많을 것입니다. 하나님의 청지기로서 그 돈을 버는 지혜와 기술을 올바르게 사용해 보라는 말입니다. 참된 생활이 무엇인지 알고 행할 수 있도록 합시다. 많은 사람들이 호화롭게 사는 것이 삶의 목적인 줄 알지만, 바울은 "참된 생활이 무엇인지 알기 위해서는 세상의 안락한 생활을 포기하고 남을 도우라. 그러면 참된 생활이 무엇인지 알게 될 것이다"라고 합니다.

그 다음 데살로니가후서 3장 8~12절에 경제에 대한 가르침이 또 나옵니다. 사실 바울은 먼저 "우리는 아무에게서도 양식을 거저 얻어먹은 일이 없고, 도리어 여러분 가운데서 어느 누구에게도 짐이 되지 않으려고, 수고하고 고생하면서 밤낮으로 일하였습니다. 우리가 여러분과 함께 있을 때에 '일하기를 싫어하는 사람은 먹지도 말라'라고 했습니다."

우리 예수원에도 이런 규칙이 있습니다. 어떤 형제는 계속해서 일만 하는가 하면, 어떤 형제는 몸이 튼튼하면서도 얼마나 일하기 싫어하는지 모릅니다. 그래서 결국 "네가 반만 일했으니 밥도 반 사발만 주겠다"고 놀렸습니다. 여러분들 중에 혹 아무 일도 하지 않으면서 남의 일에 간섭하기 좋아하는 사람이 있습니까? 그런 분들께 특별히 드리고 싶은 말씀은 조용하게 일하고 자기 밥을 먹으라는 것입니다.

야고보서 2장 14~17절에는 또 다른 종류의 신자의 태도가 나옵니다. "나의 형제자매 여러분, 누가 믿음이 있다고 말하면서도 행함이 없으면, 무슨 소용이 있겠습니까? 그런 믿음이 그를 구원할 수 있겠습니까? 어떤 형제나 자매가 헐벗고, 그날 먹을 것조차 없는데, 여러분 가운데서 누가 그들에게 말하기를 '평안히 가서, 몸을 따뜻하게 하고, 배부르게 먹으십시오' 하면서, 말만 하고 몸에 필요한 것들을 주지 않는다고 하면, 무슨 소용이 있겠습니까? 이와 같이 믿음에 행함이 따르지 않으면, 그 자체만으로는 죽은 것입니다."

제가 젊었을 때 민속음악을 하는 사람이 성가 곡조로 노래 부르는 것을 들은 적이 있습니다. 이런 내용입니다.

"밤마다 목사님이 예수님 믿으라고 하는데 먹을 것에 대해 물어보면 유창하고 아름다운 말씀으로, '나중에 먹게 될 것이다. 아름다운 하늘 저편 천당에서! 우선 이 땅에서는 건초만 먹어라. 죽으면 천당에서 파이를 먹게 될 것이니라'라고 하시네!"

가난한 형제를 위해 먹을 것을 주지 않으면 무슨 의미가 있습니까? 그런 믿음은 역사하지 않는 믿음입니다. 실제적이 아닌 죽은 믿음입니다.

마틴 루터Martin Luther는 유명한 종교개혁자이며 신학자였지만 야고보서를 싫어했습니다. 야고보서는 '지푸라기로 만든 서신'이고 바울만 옳다고 하면서 '오직 믿음'으로 구원받는다고 했습니다. 그러나 루터가 말하는 그런 의미의 '오직 믿음'이라는 말은 성경 어디에도 찾아볼 수 없습니다. 성경의 일부를 잘라낸 것에 불과합니다. 갈라디아서 5장 6절을 봅시다.

"그리스도 예수 안에서는, 할례를 받거나 안 받는 것이 문제가 되는 것이 아닙니다. 가장 중요한 것은, 믿음이 사랑을 통하여 일하는 것입니다."

이것은 야고보서와 똑같은 가르침으로서, 일하는 믿음입니다. 행하지 않는 믿음은 죽은 믿음입니다. 시체입니다. 만일 믿음에 사랑이 없다면 그것은 믿음이 아닙니다. 죽은 믿음입니다. 바울도 야고보도 요한도 다 그렇게 가르쳤습니다. 요한일서 3장 15~18절을 봅시다.

"자기 형제자매를 미워하는 사람은 누구나 살인하는 사람입니다. 살인하는 사람은 누구나 그 속에 영원한 생명이 머물러 있지 않다는 것을 여러분은 압니다. 그리스도께서 우리를 위하여 자기 목숨을 버리셨습니다. 이것으로 우리가 사랑을 알게 되었습니다. 그러므로 우리도 형제자매를 위하여 목숨을 버리는 것이 마땅합니다. 누구든지 세상 재물을 가지고 있으면서, 자기 형제자매의 궁핍함을 보고도, 마음 문을 닫고 도와주지 않으면, 어떻게 하나님의 사랑이 그 사람 속에 머물겠습니까? 자녀 된 이 여러분, 우리는 말이나 혀로 사랑하지 말고, 행동과 진실함으로 사랑합시다."

똑같은 가르침입니다. 또 요한일서 4장 20~21절을 보십시오.

"누가 하나님을 사랑한다고 하면서, 자기 형제자매를 미워하면, 그는 거짓말쟁이입니다. 보이는 자기 형제자매를 사랑하지 않는 사람이 보이지 않는 하나님을 사랑할 수 없습니다. 하나님을 사랑하는 사람은 자기 형제자매도 사랑해야 합니다. 우리는 이 계명을 주님에게서 받았습니다."

이것은 성경의 실제적인 내용이며 물질에 관한 것입니다. 실제적인 것은 볼 수 있는 것에서부터 시작합니다. 영적인 문제를 생각하기 전에 먼저 실제적인 문제를 다루어야 하는 것입니다. 눈으로 볼 수 있는 형제를 사랑하지 않으면서 눈으로 보지 못하는 하나님을 사랑한다는 말은 거짓말입니다. 이것은 우리가 하나님으로부터 받은 계명입니다. 하나님을 사랑한다고 하면 진실로 형제를 사랑해야 하는 것입니다.

실제로 형제를 사랑하는 방법이 있습니다. 거지에게 100원을 주는 것은 책임 있는 사랑이 아닙니다. 성경에는 고아원이라는 말이 나오지 않습니다. 단지 선교사들이 한국에 와서 고아원과 양로원을 많이 설립했던 것입니다. 성경에는 다만 "떠도는 불쌍한 사람을 집에 맞아들이는 것"을 이야기했습니다. 그들을 위해 집을 지으라는 이야기가 아니라 "함께 살라!"는 것입니다. 고아들을 고아원으로 보내고 노인을 양로원으로 보내는 것은 원칙이 아닙니다. 일종의 책임 회피입니다. 그들을 우리 집에 들어오게 하고 아내나 아버지, 아들, 딸처럼 구별없이 대해야 하는데, 문제는 나의 혈통이 아니면 받아들이기 싫어하는 데 있습니다. 성경에 믿는 사람들은 서로 형제, 자매라고 하는데도 우리는 혈통만 고집합니다. 신자로서의 책임이 어느 것에서부터 시작됩니까? 그냥 어려운 사람들을 우리 집에 들어오게 하는 것으로 끝납니까? 우리는 전체적인 성경의 가르침을 알아야 합니다.

구약의 가르침

성경의 가르침은 모세 율법으로부터 시작됩니다. 모세 율법을 깊이 연구해 보면 하나님의 뜻이 무엇인지 이해할 수 있습니다. 예수께서도 하나님의 뜻을 이 땅에서 이루기 위해 노력하며 하나님의 의를 구하라고 말씀하셨습니다. 또 율법이나 예언자들의 말을 폐하러 온 것이 아니라 완성하러 왔다고 하셨습니다. 일점일획까지도 다 이루겠다고 하셨습니다.

오늘날 교회는 구약의 실제적인 가르침에 관심이 없습니다. 신학자들은 영적인 것만 취급하고, 경제학자들은 성경에 관심도 없습니다. 우리는 성경에 실제적인 가르침이 충분히 있음을 기억해야 합니다. 성경을 실행하기만 하면 이 세상의 문제를 다 해결할 수 있는데 일반 사람들이 성경의 가르침을 잘 모르기 때문에 문제입니다. 그러므로 먼저 이 나라를 위한 주님의 뜻을 구하는 것부터 시작합시다. 하나님께서 한 나라에 대해 원하시는 것이 무엇입니까? 레위기 25장에 모든 경제의 기초가 아주 자세하게 나옵니다. 8절부터 봅시다.

안식년을 일곱 번 세어라. 칠 년이 일곱 번이면, 안식년이 일곱 번 지나, 사십구 년이 끝난다. 일곱째 달 열흘 날은 속죄일이니, 너희는 뿔나팔을 크게 불어라. 나팔을 불어, 너희가 사는 온 땅에 울려 퍼지게 하여라. 너희는 오십 년이 시작되는 이 해를 거룩한 해로 정하고, 전국

의 모든 거민에게 자유를 선포하여라. 이 해는 너희가 희년禧年으로 누
릴 해이다례 25:8~10.

히브리인들의 월력으로 7월 10일(우리나라 음력으로 8월 11일)에 시작
되는 속죄일이 지난 후, 7월 15일부터는 8일간 초막절을 지키게 됩니
다. 이것은 한국의 음력 16일에 해당하는 것으로 성경에서 제일 큰 명
절인 초막절이 한국의 추석과 그 시기가 거의 일치한다고 볼 수 있습
니다. 그런데 선교사들이 그것을 몰라서 가르치지 않았습니다. 지난
100년 동안 한국에 성경학자도 많이 있었지만 이것을 발견하지 못했
습니다. 13절을 보면 일곱 번째 안식년, 즉 49년 다음해인 50년이 희
년임을 알 수 있습니다.

"이렇게 희년이 되면, 너희는 저마다 유산 곧 분배받은 땅으로 돌아
가야 한다."

그래서 어떤 땅도 50년 이상 팔 수 없습니다. 빌려주는 것도 희년까
지만 빌려주고 희년이 되면 되돌려 받았습니다. 이것이 성경이 가르치
는 기초적인 인권人權입니다. 토지권이 각 가족 앞에 분명히 있어야 합
니다. 삶의 근거가 될 토지가 없으면 어떻게 살아가겠습니까! 고용주
가 당신을 해고하면 더 이상 생계를 유지할 수 없게 됩니다. 그래서 그
고용주가 주는 대로 보수를 받고 일하게 됩니다. 어떤 경우에는 아무
리 기술이 좋고 공부를 많이 했더라도 "너 같은 사람은 필요 없어. 나
가!"라고 하면 나가야 합니다. 그렇게 되면 어디에 가서 살겠습니까?
길에서 먹고 길에서 잠을 자야 합니다.

토지가 없으면 종과 다름 없는 신세가 됩니다. 종은 주인으로부터

의식주를 해결받고 일이 있든지 없든지 건강을 유지할 수 있습니다. 어떤 면에서는 사실 소가 사람보다 더 대우를 받는 것을 볼 수 있습니다. 소는 언제든지 따뜻하게 몸을 보호받을 수 있고 또 언제든지 쉴 수 있는 집도 있습니다. 주인이 얼마나 잘 돌보는지 모릅니다.

그러나 토지가 없는 사람은 자유가 없습니다. 토지를 가진 사람에게 가서 일자리를 구할 수밖에 없습니다. 자본이 많아도 토지가 없으면 꼼짝을 못합니다. 공장을 짓기 위해서도 땅이 있어야 합니다. 배가 있어도 부두를 가지고 있지 못하면 배를 사용할 수 없습니다. 이렇듯 무슨 일이든지 땅이 없으면 일을 못하는 것입니다. 이것이 성경의 실제적인 가르침인데도 불구하고 왜 우리 경제학자들이 시행하지 않는 줄 아십니까?

상원과 하원으로 구성된 영국 국회에는 하원이 무엇을 결정하든지 상원이 그것을 무효로 만들 수 있습니다. 상원의 세력이 아주 강합니다. 이 상원의 성격은 '지주원the House of Lords'으로, 상원Lord이 되기 위해서는 땅이 있어야 합니다. 상원이 되지 못한 지주는 있지만 땅 없는 상원은 없을 정도입니다. 이렇게 지주들이 세력을 완전히 잡고 있어서 하원은 전혀 실제적인 영향력을 발휘하지 못합니다. 애덤 스미스는 모든 경제학의 기초가 되는 그 유명한《국부론國富論》이란 책을 썼습니다. 다른 학자들이 "문제는 지주다"라고 썼다가 감옥에 들어가는 것을 보고 (머리가 좋은 사람이라) 그는 그 책에서 지주 문제를 무시해 버리고 자본과 노동력만 있으면 모든 것을 생산할 수 있다고 주장했습니다. 그러나 그것은 거짓말입니다. 땅이 없으면 아무것도 할 수 없습니다. 자본이 많아도 땅이 없으면 공장을 가동할 수 없고 회사를 유지할 수 없습니다. 아파트도 건축할 수 없습니다.

한국에서 제일 큰 기업들을 조사한 내용이 신문에 실린 적이 있습니다. 우리나라가 발전하기 시작한 처음 몇 년 간의 평균 이익은 20퍼센트였다고 합니다. 그러나 다음 해에 18퍼센트, 다음 해 15퍼센트, 다음 해 10퍼센트, 다음 해 8퍼센트로 떨어졌고, 그 다음 해에는 2퍼센트밖에 되지 않았습니다. 그런데 어떻게 그 회사들을 유지할 수 있었겠습니까? 이익이 있어야 하죠. 이익이 없으면 자본은 모일 수 없습니다. 그 근본 이유는 땅값이 올라서 지주들이 그 이익을 다 먹어버렸기 때문입니다. 지주들에 대한 보고가 나왔다면 결과는 달라졌겠지요. 해마다 수익이 올라가고 올라가고 계속 올라갔을 것입니다. 그들은 아무일도 하지 않고 가만히 앉아서 돈을 법니다. 지주들이야말로 사회적 불의를 초래하는 근본 원인이지만 세력이 워낙 크기 때문에 경제학자들이 진리를 말하지 못하고 있을 뿐입니다.

이스라엘이 하나님의 법을 지키면서 700년을 이어갔어도 복잡한 경제 문제는 없습니다. 침략을 많이 당해서 문제가 있었을 뿐 흉년이 들어도 별 문제가 없었고 가난한 사람도 별로 없었습니다. 희년법 외에도 한 가지 법이 더 있었는데 그것은 고아나 과부가 자기 땅을 쓰지 못하게 되어 그 땅을 빌려주더라도 언제든지 되찾을 수 있게 한 것입니다. 영원히 땅을 잃어버리는 사람이 없도록 해야 한다는 것입니다. 레위기 25장 14절부터 봅시다.

너희가 저마다 제 이웃에게 무엇을 팔거나, 또는 이웃에게서 무엇을 살 때에는, 부당하게 이익을 남겨서는 안 된다. 네가 네 이웃에게서 밭을 사들일 때에는, 희년에서 몇 해가 지났는지를 계산하여야 한다. 파는 사람은, 앞으로 그 밭에서 몇 번이나 더 소출을 거둘 수 있는지, 그 햇수를 따져서 너에게 값을 매길 것이다. 소출을 거둘 햇수가 많으면, 너는 값을 더 치러야 한다. 희년까지 남은 햇수가 얼마 되지 않으면, 너는 값을 깎을 수 있다. 그가 너에게 실제로 파는 것은 거기에서 거둘 수 있는 수확의 횟수이기 때문이다 레 25:14~16.

이것은 소득세를 내는 것이 아니고 '토지세'를 내는 것이지요. 미국의 경제학자 헨리 조지는 이것에 대해 오랫동안 깊이 생각했습니다. 왜 어느 나라든지 발전하면 할수록 가난한 사람이 더 많아지는가에 대해서 말입니다. 미국의 필라델피아나 뉴욕과 같이 오래되고 큰 도시에는 특히 가난한 사람이 더 많았습니다. 그때 새로 개척된 도시인 캘리포니아에는 가난한 사람이 많지 않았습니다. 그러나 캘리포니아도 발전하면 할수록 가난한 사람이 점점 더 늘어갔습니다. '아하! 이것 참 이상한 현상이로구나. 발전하면 할수록 가난한 사람이 많아진다!' 왜 그렇습니까?

헨리 조지는 기도하는 사람이었습니다. 성공회교도로서 성경 읽는 가정에서 자라났습니다. 주일학교와 성공회 중고등학교를 다녔고 그 후 배를 타고 여행하면서 샌프란시스코로 갔습니다. 그곳에서 일하면서 연구하고 나중에는 감리교에서 영적인 체험을 했습니다. 그후 계속해서 기도하고 연구하면서 마침내 깨달은 것이, 성경의 법대로 하면 이 문제를 해결할 수 있겠다는 것입니다.

현대 사회에서 어떻게 이 법을 실행할 수 있을까요? 이 땅을 원주인에게 돌려주려면 미국 땅 전부를 다 인디언들에게 돌려주어야 하는데 그러면 이민온 사람에게는 한 평의 땅도 돌아갈 것이 없게 됩니다. 그래서 그는 현실적으로 적용 가능한 다른 방법을 찾았습니다. 즉 토지 가치에 세금을 받는 방법을 생각해 낸 것입니다. 토지를 빌려주고 연수年數대로 계산해서 세를 받는 것입니다. 땅의 가치대로 매년 세금을 받으면 이 문제를 해결할 수 있겠구나 생각해서 그 주제를 가지고 《진보와 빈곤Progress and Poverty》이라는 책을 썼는데 이 책이 몇 백만 권이나 팔렸습니다. 이 책의 영향은 미국, 영국, 러시아까지 미쳤는데, 톨스토이도 그 영향을 받았습니다. 러시아 대지주였던 톨스토이는 헨리 조지의 말을 듣고는 "됐다. 하나님의 법을 지키면 우리나라가 얼마나 아름답게 되겠는가!"라고 생각해서 자기 땅을 먼저 나눠주기 시작했습니다. 그러곤 다른 지주들에게도 이 법을 지킬 것을 권유했습니다. 하지만 그들은 거절했고 결국 1917년 공산당에 한 사람도 남지 않고 다 죽임당하거나 추방당했습니다.

헨리 조지의 영향은 톨스토이를 통해 중국의 손문孫文에게까지 미쳤습니다. 손문은 삼민주의三民主義를 표방할 때 이 원리를 집어넣었으나 중국에서는 실행할 수 없었고 대만으로 쫓겨가 그곳에서 실행했습니다. 그래서 지금 대만은 놀랍게 발전하고 있는 중입니다. 또 홍콩도 우연히 이 원리를 실행하게 되어 지금 놀랍도록 발전하고 있습니다.

그러나 미국과 영국은 이를 거부했습니다. 그래서 갈수록 실업자가 많아지고 빈민굴이 늘어났고, 도적질과 간음 등 죄악도 심해지고 있습니다. 얼마나 부패했는지 모릅니다. 하나님의 법을 알면서도 거절했기 때문입니다.

성경에 모든 경제의 기초가 자세히 나오는데도, 애덤 스미스가 그 법을 말하지 않아 헨리 조지가 애덤 스미스의 틀린 점을 설명했습니다. 그런데 헨리 조지 시대에 또 다른 학자가 있었습니다. 칼 마르크스Karl Marx입니다. 그의 학설을 믿는 사람은 많지 않았지만 마르크스도 애덤 스미스와 똑같이 틀린 점이 있습니다. 노동과 자본만 있으면 된다고 주장하며 토지와 지주의 역할을 무시해 버렸습니다. 이래서는 도저히 성공할 수 없습니다.

그런데 그 당시 교인들이 하나님의 법을 실행하지 않았기 때문에 러시아 농민들이 너무도 화가 나 있었습니다. 그래서 농민들은 마르크스를 따르기로 마음먹었고 결국 1917년 큰 혁명이 일어났습니다. 온 세상 사람들이 소련만 지켜보며 그들이 성공할 수 있는지 기회를 주자고 했습니다. 그리고는 헨리 조지를 완전히 잊어버렸습니다. 세계의 지주들이 모두 기뻐했습니다. "지금부터 아무도 헨리 조지를 기억하지 않았으면 좋겠다"라고 기대했지요. 그런데 오늘날 실패한 소련을 보며 경제적으로 성공한 공산국가는 없다는 것을 알게 됩니다. 사실 경제적으로 성공한 공산국가는 하나도 없습니다.

신약 성경을 보면 그리스도인들이 자기가 가진 것으로 얼마든지 하나님의 법을 지킬 수 있는데도 대신 인간의 '법'에 책임을 미룬다는 사실을 알 수 있습니다. 그러나 그런 문제는 개개인의 책임 문제로 끝나는 것이 아닙니다. 우리나라를 위한 하나님의 뜻이 무엇인지 알고, 또 그것을 설명할 수 있도록 항상 마음의 준비를 해야 합니다. 아울러 구체적으로 일할 수 있는 준비도 하고 있어야겠습니다.

7장

성경의 원리는
어떻게 실현되는가

첫째는 '희년'을 실행하는 것입니다. 레위기 25장에는 50년마다 땅을 원래의 주인에게 돌려주어야 한다는 법이 있습니다. 자기 땅이 없어서 다른 사람의 땅을 사용하려는 사람은 희년까지 남은 햇수를 계산한 후 그 땅에서 수확 가능한 만큼을 계산해서 미리 돈을 내야 합니다 레 25:14~17.

그런데 소작농들에게는 대체적으로 그럴 능력이 없습니다. 소작인들은 해마다 주인에게 소작료를 내야 하는데, 50%를 소작료로 내는 경우도 많았습니다. 수확량의 절반을 주인에게 주어야 하는 것입니다. 그래도 이것은 양호한 편입니다. 흔히 이보다 더 많이 지불하기도 했습니다.

요셉이 실행한 적정한 임대료의 비율

성경은 이 문제에 대해서도 자세히 다루고 있습니다. 창세기 47장 20절을 보면 요셉은 바로를 위해 애굽 땅을 모두 사들였습니다. 온 나라의 땅이 바로의 것이 되었습니다. 그런데 24절을 보면 추수할 때 바로에게 20퍼센트를 내라고 했습니다. 나머지 80퍼센트는 백성들의 것으로서, 다음 해 농사를 위한 씨앗과 먹을 양식인 것입니다. 바로가 씨앗을 주지 않았기 때문에 그들 스스로 씨앗을 해결해야 했습니다.

그러나 현대의 지주들은 비료와 씨앗을 주면서 소작료를 50퍼센트 이상 받아갑니다. 그런데 이 성경 구절을 보면 아무 조건없이 20퍼센트만 낸 것으로 되어 있습니다. 만약 온 세상의 소작인들이 소작료를 20퍼센트 이상 내지 않아도 된다면 지주들도 잘살 수 있고, 소작인들도 충분히 살 수 있게 됩니다. 소작료를 50퍼센트나 받는 것은 아주 잔인한 법입니다. 이것은 하나님께서 허락하신 일이 아니라는 것을 알아야 합니다. 그런데 많은 그리스도인 지주들도 실제 그렇게 하고 있습니다. 제가 신학교 다닐 때 어떤 교수님에게도 땅이 있었는데, 그는 자기 농장의 소작농에게서 수확량의 50퍼센트를 받고 있었습니다. 자신은 아무 일도 하지 않으면서 죽도록 고생하며 땀 흘린 소작인과 수입이 똑같았습니다. 양심의 가책을 받는 기색은 전혀 찾아볼 수 없었습니다. 사회적인 관습에 깊이 젖어 있어서 자신의 행동을 이상하게 생각하지 않았던 것입니다.

또 학생들이 구약을 가르치는 교수님에게 희년법에 대해 물어본 적이 있습니다. 그런데 한마디로 간단하게 대답하고는 더 이상 설명이 없었습니다. 이것이 좋은 것인지 나쁜 것인지에 대해 별다른 말이 없고 다만 간접적으로 "이것은 실행할 수 없는 법이다"로 그쳤습니다.

20년 후인 1964년에 저는 영국의 한 잡지사로부터 성경에 나오는 경제법에 대해 글을 써보는 것이 어떻겠느냐는 부탁을 받았습니다. 사실 흥미는 있었지만 20년 동안 연구를 해보지 않은 것이었습니다. 연구를 시작하자마자 그 교수님께서 하신 말씀이 거짓말이었다는 것을 깨달았습니다. (그 연구 결과 지금의 《토지와 자유》라는 책이 나왔습니다.) 이스라엘이 700년 동안 그 법을 지켰다고 성경이 말해주는데도 그 교수님은 아무런 근거 없이 지키지 않았다고 이야기한 것입니다.

구약에 '희년'이란 말 자체가 잘 나오지 않지만 다른 간접적인 표현으로 자주 나오는데 구약을 연구하는 학자들이 너무 무관심해서 그 말이 무슨 뜻인 줄 몰랐습니다. 제일 유명한 예가 이사야서에 나옵니다. "금년에는 백성이, 들에서 저절로 자라난 곡식을 먹고, 내년에도 들에서 저절로 자라난 곡식을 먹을 것입니다. 그러나 그 다음 해에는, 백성이 씨를 뿌리고 곡식을 거둘 것이며, 포도밭을 가꾸어서 그 열매를 먹을 것입니다"사 37:30.

이것은 희년을 실행하라는 말입니다. 안식년이 두 번 계속해서 지켜졌다면 두 번째 안식년이 희년이 됩니다. 누구든지 레위기 25장을 읽었다면 이 사실을 알았을텐데, 유명한 학자들도 이사야서에 나오는 이 말씀을 해석할 때 "이것이 무슨 뜻인지 도무지 알 수 없다. 어떻게 안식년이 두 번 계속될 수 있는지 모르겠다"고 했습니다. 이사야서를 전공한 사람이 레위기를 모르는 것입니다. 이런 학자가 어떻게 성경을 해석할 수 있겠습니까?

현대의 신학자들이 대개 연구가 부족합니다. 실제적인 문제에 대해서는 관심이 부족하고 영적인 문제만 다루기 때문입니다. 영적인 문제만 언급하면 핍박도 없고, 위험도 없습니다. 받아들이면 좋지만 받아들이지 않아도 상관없고 그냥 월급을 받을 수 있습니다. 그러나 물질적인 문제를 다루게 되면 많은 사람들의 도전을 받게 되고 생명의 위협을 느끼게 됩니다. 이것은 그저 지나가는 이야기가 아닙니다. 제가 처음으로 목회할 때 겪은 일입니다. 우리 교회의 교인들이 저를 죽이려고 했던 일이 있습니다. 흑인의 인권 문제 때문이었습니다. 흑인의 인권 문제가 왜 그렇게 복잡한지 아십니까?

제가 목회하던 곳은 새우를 잡는 어촌이었습니다. 흑인들에게도 배가 있었기 때문에 나가서 새우를 잡을 수 있었고 백인들도 배를 타고 나가서 새우를 잡았습니다. 여기까지는 조건이 똑같았습니다. 그런데 문제는 새우를 파는 데 있었습니다. 상자에 새우와 함께 얼음을 넣어서 뉴욕으로 보내면 보통 한 상자당 100달러씩 받을 수 있었습니다. 그런데 새우를 팔기 위해서는 부득이 부두로 나와야 하는데 부두의 땅이 모두 백인 소유였습니다. 흑인들도 땅이 있었지만 주로 숲 속에 있었기 때문에 부두를 지을 수 없었습니다. 부두를 사용하지 않으면 새우를 뉴욕으로 보낼 수 없었기 때문에 흑인들은 어쩔 수 없이 30달러만 받고 백인들에게 새우를 팔아야 했지요. 그 백인 지주들은 아무 일도 하지 않고 상자에 얼음 조금 넣고 뉴욕으로 보내서 100달러를 받았습니다. 남이 노력한 것에서 70달러나 이윤을 취한 것입니다. 이렇게 되니 흑인들이 일단 한 번 빚을 지면 빚에서 빠져나갈 수가 없습니다. 돈이 너무 부족했기 때문이지요. 그 30달러에서 자신의 배 유지비가 나가야 하고, 함께 일한 선원들에게 삯도 주어야 했으니 말입니다.

군대에서 알게 된 제 친구 하나가 뉴욕에 살고 있었습니다. 중위로 최전선에서 싸우다가 전쟁이 끝나면 어디 조용한 곳에 가서 소설을 쓰고 싶다고 하더니 우리 마을에 오게 되었습니다. 겉으로 보기에는 평화롭고 조용한 마을이었습니다. 그러나 이 마을 수입은 대부분 흑인들을 이용해서 나온 것이었습니다. 그렇지만 흑인들은 아무말도 하지 못했습니다. 말을 해도 별 수 없었고, 오히려 죽을 수도 있었기 때문입니다.

그런데 이 친구가 흑인 친구를 사귄 후 그런 사실을 알게 되었습니다. 그래서 우리 교인 중 부두를 가진 사람에게 부탁해서 흑인 친구가 그 부두를 사용하도록 해주었습니다. 새우를 부칠 때 친구는 자기 이름으로 서명하고, 100달러짜리 수표를 받으면 흑인에게 그대로 돌려주었습니다. 흑인 친구가 그에게 이윤을 빼야 하지 않겠느냐고 했지만 그는 거절했습니다. 석 달이 채 못되어서 그 흑인은 몇 년 동안 진 빚을 모두 갚고 자유롭게 되었습니다. 그런데 그때 다른 부두의 주인들이 우리 교인에게 와서 그 흑인의 배를 다른 곳으로 보내지 않으면 죽여버리겠다고 위협했습니다. 할 수 없이 그 흑인을 다른 곳으로 보냈습니다. 그 흑인은 여러 부두를 돌아다녔지만 어느 곳에서도 받아주지 않았습니다. 모두들 죽임을 당할까 두려워했기 때문입니다. 이것이 바로 미국이라는 곳입니다.

여러분들은 미국이 자유의 나라라고 들었을 것입니다. 고문도 없고 부당하게 죽는 사람도 없다고 들었을 것입니다. 그러나 모두 거짓말입니다. 세상 나라들은 모두 똑같습니다. 그들이 제 친구를 죽이려고 했지만 저 때문에—제가 신부였기 때문에—죽이지 못했습니다. 그 대신 저를 죽이려고 했습니다.

교회에 잘 나오지 않던 어느 과부 할머니가 하루는 연락을 해왔습니다. 꼭 와달라고 하길래 할머니께서 죽어가는 줄 알았습니다. 다른 이유는 생각지도 못했습니다. 그런데 그곳에 가보니 아무 이상이 없었습니다. 그래서 앉아서 차를 마시며 이야기를 나누었습니다.

"신부님, 약혼하신다면서요? 새 신부가 오자마자 과부가 되면 재미가 없겠지요?"

"······?!"

이 말은 그들이 나를 죽이려고 한다는 뜻이 아닙니까? 할머니의 말이 무슨 뜻인지 머리로는 알겠는데, 마음으로 느껴지기까지는 시간이 많이 필요했어요. 너무나 화가 나고 당황했기 때문입니다. 차를 타고 집으로 돌아오는 길에 사고가 나서 차가 망가졌지만 하나님께서 제 생명을 지켜주셨습니다. 그래서 다음날 아침 자동차 수리하는 곳으로 갔는데, 그곳에서 일하는 흑인 청년ㅡ그 사람은 우리 교회 교인이었는데 술을 너무 좋아해서 부끄러워 교회에 잘 나오지 않았어요. 하지만 부인은 아주 열심히 나왔습니다ㅡ이 이렇게 말하더군요.

"신부님, 교회 회장과 서기가 오늘 아침에 이 차 구경하러 왔었어요. 그런데 아직도 신부님이 죽지 않았다고 씁쓸해했습니다".

보물이 있는 곳에 마음도 있다고 했습니다. 흑인을 이용하는 것에 가치를 두면 인권이 아무 소용이 없습니다. 돈을 위해 사람을 죽일 수도 있으니까요. 그래서 소작인에게 50퍼센트 받는 법을 고치려고 하면 위험해지는 것입니다. 세상에서 제일 무서운 이들은 정부가 아니라 지주들입니다. 그들은 배후에서 조종하는 법을 알고 있기 때문에 정체가 잘 드러나지 않습니다.

마르크시즘Marxism이란 '지주제도'를 덮어놓기 위한 연막에 불과합니다. 마르크시즘이 공격하는 것이 '자본주의' 체제이고, 지주들에 대해서는 아무 말도 하지 않기 때문에 지주들은 마르크스를 매우 좋아합니다. 지주들이 공산주의자들을 묵인하는 것입니다.

대지주 제도가 시작되다

그 다음 레위기 25장 33~38절을 보면 땅을 무르는 법이 나옵니다. 땅을 파는'임대'를 의미함 원주인은 그 땅을 언제든지 다시 무를 수 있는 권리가 있습니다. 언제든지 무를 수 있어야 한다는 계약조건이 전제되어 있어서 희년까지 남은 햇수를 계산해 그 남아있는 돈을 내기만 하면 땅을 무를 수 있었습니다.

성경에 '구속救贖, redemption'이라는 말이 자주 나오는데, 한국어로는 '무르다,' 즉 '다시 찾는다'는 뜻입니다. 하나님께서 우리를 구속하셨다는 말은, 원래 하나님의 소유였던 우리를 마귀에게 빼앗겼다가 '다시 찾았다'는 뜻입니다. 예수의 피를 값으로 지불하고 우리를 되돌려 받은 것입니다.

'구속'이란 말은 원래 토지법에서 나온 것입니다. 성경에 토지법이 나오기 전에는 그 말이 나타나지 않습니다. 영어로는 redemption 되찾음이나 redeem 되찾다이라고 합니다. 이스라엘은 여호수아 때부터 오므리 시대까지 이 법을 따라 살았습니다. 여호수아 시대가 BC 880년경이었으므로 이 법은 약 600년 동안 지켜졌습니다. 이스라엘이 망한 뒤에도 유다 왕 히스기야 때에 희년이 선포된 것으로 보아사 37:30~35 유다는 이를 더 오래 실행했다고 볼 수 있습니다BC 700.

그런데 사무엘이나 나단 등의 선지자들이 희년에 대해 쓴 글이나 그에 대한 자세한 성경구절이 없습니다. 성경에는 사무엘을 제외하고, 엘리야 이전 선지자들에 대해 설명한 곳이 전혀 없습니다. 그러나 엘리야에 대한 이야기는 길게 나옵니다. 왜냐하면 엘리야가 처음으로 땅 문제에 대해 불의와 맞서 싸웠기 때문입니다.

엘리야 시대 이전에는 땅 문제가 전혀 언급되지 않았습니다. 그러나 오므리가 왕이 되면서부터 법을 고치기 시작했습니다. 하나님의 법을 버리고 이웃나라 시돈_{현재의 레바논}의 바알법을 따라간 것입니다. 또 시돈 왕은 그 당시 엣바알이라는 바알의 제사장이었는데 오므리 왕은 그와 동맹을 맺기 위해 자기 아들 아합을 엣바알의 딸 이세벨과 결혼시켰습니다_{왕상 16:31}.

엣바알의 자손들은 북아프리카로 가서 세력을 잡아 그곳에 바알의 제도를 세웠습니다. 바로 대지주 제도입니다. 이 제도에는 희년이 없기 때문에 계속해서 땅을 모을 수 있었습니다. 땅을 많이 모으면 모을수록 돈을 많이 벌게 되니까요. 예를 들어 내가 땅 몇 마지기를 소작인에게 주어 농사를 짓게 하면 그 사람이 수고한 것의 절반이 내게 들어옵니다. 50퍼센트씩 나눠 가지니 그 소작인은 겨우 살아가게 되고 나는 아무 일도 하지 않고 그 사람과 같은 돈을 벌게 되는 것입니다. 그렇게 10년 정도 계속하면 그 땅 값이 모두 나오게 됩니다. 옆에 있는 땅을 사서 또 소작을 시키면 5년 안에 같은 돈이 들어오게 되고, 이런 식으로 몇 번 반복하다 보면 큰 지주가 되는 것이지요. 그러나 희년법이 있다면 언젠가는 모두 돌려주어야 하기 때문에 처음부터 다시 출발하게 되는 것입니다.

이 대지주 제도가 유다보다 이스라엘에 먼저 유입된 이유가 있습니다. 르호보암 시대에 이스라엘과 유다가 나눠졌는데, 유다는 강원도와 비슷한 지역이라 산이 많고 땅이 나빠서 살기 힘든 곳이었습니다. (우리 강원도에서는 일 년에 두 번 추수를 하는데 여름에 감자 추수를 하고, 봄에는 '돌 추수'를 합니다. 봄에 눈이 녹으면서 드러나는 돌 때문에 계속 농사를 짓기 어려워 그것들을 다 들어내는 일을 돌 추수라 하지요.) 그런데 갈릴리 지방, 즉 이스라엘 지방은 아주 넓고 기름진 곡창지대였습니다. 곡식이 남아 수출할 수 있을 정도였습니다. 그래서 욕심 많은 사람들이 유다 땅보다 갈릴리 땅을 더 원했습니다. 그곳에 넓은 땅을 사서 대지주가 되면 얼마나 부자가 되겠습니까. 요즘에는 자가용이 다섯 대 있으면 부자라고 하지요. 그 시대에는 상아로 만든 집이 있으면 부자였습니다.

전라도에 문제가 많다고 하는데 바로 이런 이유 때문입니다. 강원도와 같은 지역은 살기가 너무 힘들기 때문에 소작농이 그다지 많지 않은 반면 전라도는 땅이 좋고 아주 기름지기 때문에 소작하는 사람과 지주들이 모두 살 수 있습니다. 그래서 대지주가 되려고 하는 사람들은 강원도에 오지 않고 전라도로 가는 것입니다. 그러다 결국 지주들의 욕심이 지나쳐 본토인들이 못살게 되고 다른 곳으로 이동해 여러 가지 직업을 갖고 살다 보니 "전라도 사람들은 나쁘다"라는 소리가 나오게 된 것이죠.

갈릴리 사람들에게도 역시 같은 문제가 있었습니다. "갈릴리에서 무슨 선한 것이 나올 수 있어!" 이런 태도는 자연스런 결과입니다. 일찍부터 대지주 제도가 생겨서 사람들이 이용을 당했기 때문이지요.

북아프리카에 좋은 땅이 많은데 엣바알의 대지주 제도를 도입하는 바람에 현재의 리비아, 알제리 지방에 큰 나라가 생기고 카르타고라는 도시가 생겼습니다. 그들이 로마와 싸우기로 결정했을 당시, 로마인들은 모두 조그마한 농장을 가지고 있었기 때문에 자기 땅을 지키기 위해 싸웠습니다. 로마는 승리하여 카르타고의 많은 땅을 점령하고 그 땅을 제대 군인들에게 주었고 그들은 모두 대지주가 되었습니다.

아우구스투스Augustus 왕 시대부터 이 대지주 제도가 로마에 도입되면서, 원래 자기 땅이 있던 농민들이 하나씩 하나씩 빚에 빠져 땅을 팔고 지주들 밑에 들어가 소작농으로 전락해 버리고 말았습니다. 자기 땅의 소작인이 되고 만 것입니다. 그래서 로마 시대에 큰 부자가 얼마나 많아졌는지 모릅니다. 그들은 모두 집을 대리석으로 지었습니다. 아우구스투스 왕이 로마를 찾을 때는 '벽돌 도시'였지만 죽을 때는 '대리석 도시'가 되었습니다. 그러나 그러한 경제적 부흥의 원인에 대해서는 전혀 설명하지 않고 있습니다. 땅을 뺏고 사람을 이용했기 때문에 그 대리석 집이 나온 것입니다. 로마의 대리석과 북이스라엘의 상아집은 똑같은 문제입니다. 대지주 제도가 강화되면서 법으로 책정되고, 그 법이 지금까지 내려와 유럽의 법이 되고, 또 내려와 영국법이 되고, 미국법이 되고, 현대 한국에서도 여호와의 법이 아닌 바알법을 받아들이게 된 것입니다.

중세 봉건주의 시대에는 교회가 이 문제를 해결하기 위해 지주 마음대로 일하는 사람을 내보낼 수 없다는 법을 만들었습니다. 남에게 땅을 팔아도 그대로 그 땅에서 일하면서 살 권리를 주었습니다. 그래서 실업자가 없어졌습니다. 지주가 그 책임을 져야 했던 것이지요. 그러나 이 봉건주의 제도가 너무 딱딱하고 융통성이 없어져, 노동자들이 도시로 가려고 해도 갈 수가 없었습니다. 지주들의 종이 되었기 때문입니다. 지주들은 노동자들이 도망가면 잡아서 처벌할 수 있었습니다. 원래 가난한 사람을 보호하기 위해 만든 법이 결과적으로 인권을 빼앗는 것이 되고 만 것입니다.

그래서 자본주의 사상이 생겨났습니다. 신교파가 자본주의와 손을 잡고, 봉건주의와 손을 잡은 구교파에 대항해서 소위 종교개혁이 일어나게 되었습니다. 종교개혁은 종교 문제보다는 오히려 경제문제와 더 깊은 관계가 있습니다. 그 후 자본가들이 아무리 많은 자본을 마련해도 땅이 없으면 안 된다는 것을 알게 되면서 조금씩 조금씩 지주가 되었습니다. 소위 지금 우리가 알고 있는 '자본주의'는 본래 의미의 '자본주의'가 아닙니다. 겉모습만 자본주의의 형태를 취했을 뿐 여전히 지주들의 세력이 뿌리 내리고 있는 봉건주의의 변형일 뿐입니다. 아니, 그것은 중세 봉건주의보다 더 나쁩니다. 중세 봉건주의 시대에는 그래도 실업자는 없었는데, 지금은 실업자도 많고 굶어 죽는 사람도 많습니다. 그래서 인권 운동이 일어나고, 정부가 국민을 책임져야 한다는 주장을 펴기도 합니다.

그렇게 한다고 문제가 해결되는 것은 아닙니다. 물론 밥 문제는 해결할 수 있을지 모르지만, 자유 문제는 해결할 수 없습니다. 현대 사회에서는 자유를 얻으려면 굶는 수밖에 없습니다. 그러나 하나님의 법은 각 가족에게 땅이 있어서 자신의 권리와 자유를 지킬 수 있습니다. 헨리 조지가 이 문제를 깊이 연구하고는 토지세를 내면 문제를 해결할 수 있다고 생각했습니다.

나봇의 포도원 사건

불의한 대지주 제도는 이스라엘 왕인 오므리 시대부터 시작되었습니다. 이 제도는 북아프리카와 로마로 흘러들어간 이후 이스라엘에도 들어와서 이스라엘을 부패하게 만드는 근본 요인이 되었습니다. 그때부터 하나님께서는 엘리야를 일으켜 싸우기로 하셨습니다. 엘리야의 중심된 이야기가 무엇인지 아십니까? '나봇의 포도원' 이야기는 무슨 내용입니까왕상 21장?

나봇은 하나님의 법대로 왕에게 자신의 포도원을 팔 수 없다고 말했습니다. 하나님의 법대로 한다면 비록 왕의 부탁이라 해도 허락할 수 없기 때문입니다. 그 포도원은 자기 땅이 아니라 자기 조상으로부터 물려받아서 자손에게 대대로 물려줄 '기업'인 것입니다. 나봇이 그 땅을 팔 수 없다고 하자 왕은 기분이 몹시 상했지만 같은 이스라엘 사람이라 어찌할 도리가 없었습니다. 나봇의 말이 옳은 줄 알기 때문입니다. 그러나 이세벨은 왕 마음대로 땅을 소유할 수 있다고 생각했습니다. 왕이 바로 법이니까요. 하나님의 법이 무엇입니까? 다 쓸 데 없는 소리입니다. 이세벨에게는 바알이 곧 하나님입니다. 바알은 왕에게 절대적인 권력을 주고 지주 제도를 인정합니다. 그러니 나봇이 지주 제도를 인정하지도 않고 왕의 절대적 권리도 인정하지 않는 것은 바알을 모독한 것이 됩니다. 그녀는 나봇이 하나님여호와 하나님이 아닌 바알의 하나님을 모독했다고 그를 죽여버렸어요.

그런데 나봇만 죽이면 문제가 해결되지 않으니 나봇의 아들도 죽여야 했습니다. 그때 하나님이 엘리야 선지자를 보내어 "네가 살인을 하고, 또 재산을 빼앗기까지 하였느냐? 나 주가 말한다. 개들이 나봇의 피를 핥은 바로 그곳에서, 그 개들이 네 피도 핥을 것이다. 주님께서는 또 이세벨을 두고서도 '개들이 이스르엘 성밖에서 이세벨의 주검을 찢어 먹을 것이다' 하고 말씀하셨습니다"왕 21:19, 23. 그 말을 듣고 아합은 즉시 회개했지만 이세벨은 회개하지 않았습니다. 그래서 여호와께서는 아합의 아들 시대에 가서 그 예언이 이루어질 것이라고 말씀하셨습니다. 말씀대로 아합의 아들은 예후에 의해 나봇의 포도원에서 죽임을 당했고, 이세벨은 2층에서 떨어져 왕궁 앞에서 죽었습니다. 하나님의 말씀이 그대로 이루어졌습니다. 우리는 하나님이 이같은 일을 얼마나 싫어하시는지 알아야 합니다.

그렇다고 모든 땅을 국가가 소유하는 것이 해결 방법은 아닙니다. 국가가 한 나라의 유일한 대지주가 되면 문제는 더욱 복잡해집니다. 이것은 마르크시즘입니다. 마르크시즘은 토지의 역할과 중요성을 충분히 깨닫지 못했습니다. 그 경제 이론이 근본적으로 틀렸기 때문에 모든 공산국가의 경제 상태가 복잡하게 되어 실패하고 있습니다. 모두들 적자의 늪에 빠졌어요. 돈을 벌지 못하면 아무것도 살 수가 없는데 그 돈을 어디서 빌렸을까요. 재미있는 사실이 있습니다. 유럽의 은행가들에게 돈을 빌립니다.

그런데 유럽에 있는 은행가들의 돈이 어디서 나오는지 아십니까? 지주에게서 나옵니다. 사실 유럽 은행가들은 거의 다 대지주들입니다. 이 사람들이 북한에는 돈을 빌려 주지 않아 북한은 두 번이나 파산했습니다. 너무 깊은 적자에 빠져서 원금 상환은커녕 이자도 내지 못했습니다. 그래서 유럽 은행가들이 일본 은행가들에게 돈을 빌려주라고 명령했습니다. 지금 북한은 일본 돈으로 살고 있습니다. 그런데 갚지 못하고 있어요.

왜 은행가들이(실상은 그들이 지주들입니다) 그렇게 하는지 아십니까? 그 사람들은 자본주의니 공산주의니 하는 이데올로기에는 관심이 없습니다. 그들은 잡을 수만 있다면 온 세상의 세력을 돈으로 잡으려고 하는 사람들입니다. 그들이 남한을 싫어하는 이유는 남한이 너무 발전해서 손에 넣을 수가 없기 때문입니다. 반면 북한을 좋아하는 이유는 벌써 그들을 완전히 장악했기 때문이지요.

바알파와 야훼파의 대립

엘리야 때부터 본격적인 예언자 시대가 시작되어 그 후에 여러 예언자가 나오지 않습니까? 하나님께서는 그 예언자들을 하나님을 믿는다고 하는 왕들에게 보냈습니다(이것은 매우 중요한 사실입니다. 우리 한국에서 기독교가 예언자 역할을 해야 한다는 말은 많이 하지만, 성경적인 방법대로 하지 않고 있다는 데 문제가 있습니다). 히스기야 왕이 죽은 다음 바알파가 세력을 잡자 하나님께서는 므낫세에게 예언자를 한 명도 보내지 않으셨습니다. 이사야도 그때 지하운동이나 회개에 대한 말만 하고 많은 백성을 위로하라고 했습니다. 갑자기 이사야의 어투가 변하게 된 이유는 그것입니다.

그런데 어떤 학자들은 이사야의 문체가 변했다고 그것이 이사야가 쓴 것이 아니고 다른 사람이 쓴 것이라고(혹은 그것이 둘째 이사야라고) 주장합니다. 얼마나 어리석은 말인지 모릅니다. 학자들에게는 문체가 하나밖에 없지만, 참된 시인이나 소설가, 문인들은 두서너 가지의 문체를 갖고 있습니다. 필요하다면 완전히 바꿀 수도 있지요. 저도 때에 따라 관리인처럼 쓰기도 하고, 시인처럼도 씁니다. 아이들에게 편지를 쓸 때는 또 완전히 달라요. 그런데 대개 학자 자신들의 문체가 하나밖에 없으니까 다른 사람들도 그만큼 바보인줄 알고(이사야도 바보인 줄 알고) 문체는 변할 수 없다고 생각한 것입니다.

문체라는 말은 '쓰는 방법' '쓰는 형식'이란 뜻인데, 왜 이사야의 문체나 내용이 그렇게 갑자기 변했을까요? 히스기야 왕이 죽었기 때문입니다. 히스기야 왕 앞에서는 언제든지 솔직하게 말할 수 있었는데 바알을 믿는다는 새 왕 앞에서는 할 말이 없었습니다. 다만 핍박받는 신자에게 위로의 말을 전할밖에요. 그래서 분위기가 완전히 변한 것입니다.

이사야서 10장 1~2절을 봅시다. 이사야가 이 말을 할 때는 아직 유다에서 문제를 해결하지도 못했습니다. "불의한 법을 공포하고, 양민을 괴롭히는 법령을 제정하는 자들아, 너희에게 재앙이 닥친다! 가난한 자들의 소송을 외면하고, 불쌍한 나의 백성에게서 권리를 박탈하며, 과부들을 노략하고, 고아들을 약탈하였다." 이것은 하나님의 법을 지키지 않는 자에 대한 예언 말씀입니다.

조금 내려가서 36~37장을 보면 아시리아 왕이 보낸 랍사게가 "…… 히스기야의 말을 듣지 말아라.' 아시리아의 임금님께서 이렇게 말씀하신다. '나와 평화조약을 맺고, 나에게로 나아오라. 그리하면, 너희는 각각 자기의 포도나무와 자기의 무화과나무에서 난 열매를 따먹게 될 것이며, 각기 자기가 판 샘에서 물을 마시게 될 것이다"^{사 36:16}라고 말했습니다. 이 말은 '토지권'을 주겠다는 것입니다. 지주 문제가 복잡하게 되어, 유다를 침공하려는 아시리아 왕이 해방운동을 하겠다는 것입니다. 그는 계속 "이제 곧 내가 가서, 너희의 땅과 같은 땅, 곧 곡식과 새 포도주가 나는 땅, 빵과 포도원이 있는 땅으로, 너희를 데려갈 터이니"사 36:17라고 합니다. 이것은 '토지개혁'에 대한 이야기입니다.

그러나 백성들은 대답하지 않고 히스기야 왕에게 알렸습니다. 히스기야 왕은 힘없이 성전에 들어가서 베옷을 입고 울면서 기도만 했습니다. 그때 하나님께서 선지자 이사야를 통해 명령하셨습니다. "히스기야 임금님, 주님께서 임금님께 다음과 같은 증거를 보이실 것입니다. 금년에는 백성이, 들에서 저절로 자라난 곡식을 먹고, 내년에도 들에서 저절로 자라난 곡식을 먹을 것입니다. 그러나 그 다음 해에는, 백성이 씨를 뿌리고 곡식을 거둘 것이며, 포도밭을 가꾸어서 그 열매를 먹을 것입니다"사 37:30.

바로 희년에 대한 말입니다. 희년이라는 말은 없지만 안식년이 두 번 나온다는 말은 바로 희년을 가리킵니다. 히스기야 왕은 희년을 선포했습니다. 그러자 하나님께서는 희년이 될 때까지 기다리지 않으시고 그날 밤에 아시리아 왕을 죽게 하셔서 유다는 자유를 얻었습니다. 이것이 BC 702년의 일입니다.

히스기야 왕이 687년에 죽고 바알을 믿는 므낫세가 왕이 되었습니다. 희년은 지켜지지 않았고 지주들의 세력은 강해졌습니다. 므낫세의 아들 아몬 밑에서도 바알파들이 계속 세력을 잡아서 요시야 왕 2년까지는 바알당밖에 없었습니다. 그러다 마침내 BC 662년부터 야훼파가 다시 한 번 요시야 왕 밑에서 세력을 잡았습니다. 그 후 요시야 왕이 BC 609년에 죽었고 다음 희년인 BC 604년에는 아주 악한 여호야긴이 왕이 되어 희년을 또 지키지 않았습니다. 완전히 바알파에게 넘어가서 여호와를 믿는다고 하면서도 바알법으로 살았어요. 그 말이 미가서에 나옵니다.

"악한 궁리나 하는 자들, 잠자리에 누워서도 음모를 꾸미는 자들은 망한다! 그들은 권력을 쥐었다고 해서, 날이 새자마자 음모대로 해치우고 마는 자들이다. 탐나는 밭을 빼앗고, 탐나는 집을 제 것으로 만든다. 집 임자를 속여서 집을 빼앗고, 주인에게 딸린 사람들과 유산으로 받은 밭을 제 것으로 만든다. 그러므로 나 주가 말한다. 내가 이 백성에게 재앙을 내리기로 계획하였으니, 이 재앙을 너희가 피할 수 없을 것이다. 너희가 거만하게 걸을 수도 없을 것이다. 그처럼 견디기 어려운 재앙의 때가 될 것이다. (……) '우리는 알거지가 되었다. 주님께서 내 백성의 유산의 몫을 나누시고, 나에게서 빼앗은 땅을 반역자들의 몫으로 할당해 주셨다.' 그러므로 주님의 총회에서 줄을 띄워 땅을 나누고 제비 뽑아 분배할 때에 너희의 몫은 없을 것이다"미 2:1~5.

땅을 다시 나눠줄 때는 줄을 띄워서 제비를 뽑는 법이 있었습니다. 그런데 그럴 사람이 없겠다고 성경에 나와 있습니다.

그 다음에 미가서 6장 1~3절을 봅시다. 하나님께서 자기의 백성을 책망하십니다. 백성들이 모두 욕심이 많아서 바알법을 따라가면 상아 집에서 살 수 있는 줄 알았기 때문입니다. 그러나 하나님께서는 무엇을 원하신다고 했습니까?

너 사람아, 무엇이 착한 일인지를 주님께서 이미 말씀하셨다. 주님께서 너에게 요구하시는 것이 무엇인지도 이미 말씀하셨다. 오로지 공의를 실천하며 인자를 사랑하며 겸손히 네 하나님과 함께 행하는 것이 아니냐! 미 6:8.

공의와 자비, 여기 두 가지 하나님의 법이 계속해서 나옵니다. 하나님의 경제법을 이해하기 위해서는 이 두 법을 충분히 이해해야 합니다. 몇 가지 기본적인 문제를 하나님의 법대로 해결하는 것을 공의라고 합니다. 그러나 모든 문제를 법으로만 해결할 수 없기에 의로 해결할 수 없는 문제는 자비로 해결해야 합니다. 자비가 무엇입니까? 내가 개인적으로, 자원하는 마음으로 이 사람 저 사람을 도와주는 것입니다.

복잡한 개인 문제는 '자비'의 법으로 해결해야 합니다. '자비'에 대한 법은 측량할 수 없습니다. 예를 들면 "밭에 떨어진 곡식은 다시 돌아가서 줍지 말라"는 것이 있습니다. 조금 떨어지든지 많이 떨어지든지 자비로운 마음으로 그냥 두어야 합니다. 룻의 이야기가 있지 않습니까? 보아스는 추수꾼들에게 일부러 이삭을 많이 떨어뜨리라고 했습니다. 덕분에 룻이 많은 곡식을 집으로 가지고 가자 시어머니가 어디서 그렇게 많이 주웠느냐고 물어보았습니다. 룻이 보아스의 밭에서 주웠다고 말하자 나오미는 금방 룻이 자비로운 사람의 밭에서 일한다는 사실을 알았습니다. 보아스가 꼭 그렇게 해야 한다는 법은 없었어요. 누구나 많든 적든 자비로운 마음으로 이삭을 떨어뜨릴 수 있었습니다.

구약 시대에는 어느 정도 기본적인 법이 있으면 더 이상 복잡하게 법을 추가하지 않고 자비로 문제를 해결하려 했습니다. 그러나 지금 미국은 모든 문제를 법으로 해결하려고 합니다. '자비'라는 말은 인정하지 않고 '의'에 대해서만 이야기합니다. '의'가 무엇입니까? 바로 '법'입니다. 그러나 이 법은 너무 복잡해져서 변호사가 없으면 실행할 수 없습니다. 그런데 누가 변호사의 월급을 낼 수 있습니까? 바로 부자들입니다. 즉 부자들만 그 법의 혜택을 받을 수 있다는 말입니다. 가난한 사람들은 법의 혜택을 받지 못해요. 법이 너무 복잡해서 제대로 실행할 능력이 없는 것입니다.

'자비'를 실행하는 것은 실제로 중요합니다. 항상 '법과 자비,' '의와 자비' 두 가지를 함께 실행해야 합니다. 예수님도 이와 같은 말씀을 하셨습니다.

조금 더 내려가서 미가서 6장 16절에 "너희가 오므리의 율례를 따르고, 아합 집의 모든 행위를 본받으며, 그들의 전통을 그대로 이어받았으니, 내가 너희를 완전히 멸망시키고, 너희 백성이 경멸을 받게 하겠다. 너희가 너희 백성의 치욕을 담당할 것이다"는 말씀이 있습니다. 사실 이 말씀대로 그렇게 되었습니다. 예루살렘이 북쪽에 있던 오므리와 아합의 법을 따르기로 결정하고 나자 결국 멸망당하고 말았던 것입니다.

토지세가 있다

지금까지는 배경을 이야기한 셈이고, 중요한 것은 하나님의 의를 오늘날은 어떻게 실행할 수 있는가 하는 문제입니다. 다른 방법이 있습니까? 희년 제도 없이도 가능할까요?

헨리 조지가 이에 대해 연구한 결과, 희년이 될 때까지 땅을 빌리기 위해 한꺼번에 돈을 다 낼 필요없이 토지세만 내면 땅을 빌릴 수 있는 권리를 얻을 수 있고, 희년의 법을 지키는 것과 똑같은 효과가 나타난다는 사실을 발견했습니다. 희년법을 그런 식으로 지킬 수 있다는 것을 연구하면서 그는 경제의 기초가 바로 토지인 것을 알아내고 이것을 모든 사람들에게 공포했습니다.

그러나 모든 나라의 세력이 지주들에게 있기 때문에 지주들이 토지개혁이나 토지세를 허락하지 않았습니다. 필리핀이 대표적입니다. '민주주의'를 요구하는 소리는 높지만 근본적인 경제문제를 해결하는 데는 역부족인 것 같아요. 왜 그런지 정확히 몰랐지만 신문이나 잡지를 통해, 혹은 제가 그곳에서 직접 물어본 결과 필리핀의 국회의원 대부분이 지주였습니다. 국회의원 전부가 지주라면 무슨 민주주의가 되겠습니까? 최근 '토지개혁'에 관한 이야기가 논의되고 있기는 하지만 앞으로 이 문제가 어떻게 전개될지 분명치 않습니다. 토지개혁은 분명 필리핀의 미래를 좌우할 가장 중대한 문제일 것입니다.

많은 정치 지도자나 종교 지도자들이 민주화를 요구하며 '자유'를 크게 외치고 있지만 가장 기본적인 경제문제는 해결하지 않고 있습니다. 그렇다면 이것은 누구를 위한 자유입니까? 세력 있는 사람을 위한 자유입니까? 지주들을 위한 자유입니까? 조그만 땅에서 농사짓는 가난한 사람들을 보호하기 위해 노력해야 할텐데 그렇게 하고 있지 않습니다. 만약 그렇게 되면 대지주로서는 자유(특권)를 상실하게 되는 셈이니까요. 그래서 대지주들이 자유를 더 크게 외치고 있습니다. 마음대로 남의 땅을 계속 사들여 더 큰 지주가 되려고 말입니다.

지금 현재 우리 법으로는 하사미(예수원 아랫마을)에서 농사짓는 사람이라도 하사미에 살고 있지 않는 사람에게는 땅을 팔 수 없고, 또 한 사람이 최대한 소유할 수 있는 농지의 크기가 법으로 규정되어 있습니다. 대재벌이 땅을 몽땅 사고 싶어도 그럴 자유가 없는 것입니다. 그래서 그들은 오므리의 법을 원합니다. 오므리 법을 따르면 지주들에게 자유가 있습니다. 약한 사람을 이용하기 위한 자유가 나옵니다. 이것도 자유라면 자유겠지만 하나님께서 허락하신 자유는 아닙니다.

왜 정부가 필요합니까? 강한 사람들에게만 지나치게 많은 자유를 허용하지 않기 위해서입니다. 약한 사람들의 자유를 보호하기 위해서는 강한 사람의 자유를 억제해야 합니다. 그래서 정부가 필요합니다. 그런데 정부가 그 역할을 제대로 수행하지 못하면 미국이나 방글라데시와 같은 문제가 생길 것입니다.

지금 미국에서는 95퍼센트의 땅을 5퍼센트의 사람들이 차지하고 있고 나머지 5퍼센트의 땅을 95퍼센트의 사람들이 나누어 가지고 있습니다. 그러나 땅 없는 사람들은 대부분 도시에서 좋은 일자리를 구할 수 있기 때문에 이 문제에 대해 관심이 없습니다. 땅을 원치 않습니다. 그러나 때가 되면 땅이 없는 것이 얼마나 큰 문제인지 깨닫게 될 것입니다. 땅이 없다는 것은 자유가 없다는 것입니다. 즉 땅 있는 사람의 종이 되는 것입니다. 실업자는 결국 정부의 종이 되고 맙니다. 유엔이 정한 30가지 인권 조항이 있습니다. 그런데 토지소유권은 나오지 않았습니다. 이상한 일입니다. 제일 중요한 인권이 빠졌어요. 토지소유권이 없는 인권은 인권이 아니라 종이 될 권리일 뿐입니다.

저의 외할아버지 집에 흑인 종이 100명 있었습니다. 그 시대에는 100개라고 부를 만큼 흑인들이 사람으로 여겨지지 않았는데, 미국에서는 지금까지 흑인들이 사람 대접을 받지 못하고 있습니다. 그런데 노예들에게 자유를 줄 때 외할아버지는 "해방을 얻은 사람은 바로 나다!"라고 말씀하셨습니다. 그 사람들을 먹이고 입히고 집을 줘야 할 주인으로서의 의무가 없어졌기 때문입니다. 그래서 링컨 대통령과 미국 국회가 법을 만들었습니다. 흑인들에게 자유를 주었으면 그와 함께 땅도 주어야 한다고 말입니다. 땅이 없으면 자유가 아무 소용이 없다는 것을 링컨 대통령은 잘 알고 있었습니다.

그러나 그때 백인들이 KKK라는 조직을 만들었습니다. 이 단체는 흑인을 위협해서 땅을 다시 빼앗는 것이 목적이었습니다. 정부는 흑인에게 땅을 주었지만 이 백인들은 다시 다 빼앗았습니다. "넌 노예였다. 네가 땅을 사용하면 우리가 너를 죽이겠다!"라고 협박했습니다. 그래서 갈 곳 없고, 거처할 집도 없이 방황하던 흑인들이 백인들을 찾아가 또다시 소작인이 되었습니다. 얼마나 가난하게 되었는지, 다른 곳으로 이사할 수도 없었고 봉건 시대 농노보다 상태가 훨씬 더 나빠졌어요. 그런데 이들은 지금도 실제적으로 인권이 별로 없습니다. 경찰이 흑인을 죽여도 아무 문제가 되지 않습니다. 이런 인종차별적 폐단은 흑인뿐 아니라 힘 없는 사람들에게도 똑같이 적용되고 있습니다.

가난한 백인도 똑같은 문제를 안고 있습니다. 땅도 없고 일자리도 없이 정부 수당으로 살고 있는 백인에게는 실제로 인권이 없습니다. 경찰이 그를 고문하고 죽여도 아무 항의를 못합니다. 사람이 없어져도 어디로 갔는지조차 알 수 없고 관심도 없습니다. 미국 경찰들은 현명해서 대학생과 같은 인텔리에게는 손도 안 댑니다. 건드리지를 않아요. 그러나 흑인과 가난한 백인에게는 그렇지 않습니다. "친구 있는 사람은 고문하지 말아라. 그러나 친구가 다 가난하면 고문해도 괜찮다!"고 생각하는 것입니다.

미안한 말이지만 한국에 온 젊은 선교사들은 미국의 현실을 잘 몰랐습니다. 학교만 다니다 졸업하자마자 한국에 왔기 때문에 자기 나라 실정에 어두운 편입니다. 저는 여러 해 동안 노동자 생활도 했고, 정치 일도 해보고, 여기저기서 목회도 해봐서 미국의 상황을 어느 정도 알고 있습니다. 미국도 한국과 별로 다른 점이 없어요. "불의는 불의입니다!" 한국에만 불의가 있다고 생각하지 마십시오. 예수님 시대에도 불의가 많았지만, 예수께서는 데모를 하신 적이 없습니다. 오히려 큰 세력을 가진 사람들이 예수를 두려워했습니다.

8장

교회는 무엇을
할 것인가

그러면 우리는 무엇을 할 수 있습니까? 첫째, 정치를 통해서는 아무 것도 해결할 수 없다는 것을 알아야 합니다. 정치 문제는 연막입니다. 경제문제를 보지 못하게 정치 문제를 자꾸 거론하는 것뿐입니다. 정치 문제 뒤에 숨겨진 경제문제에 대해 의문을 가지십시오. 자유를 외치는 소리가 많지만 과연 누구를 위한 자유인지 물어보세요.

정치의 역할 교회의 역할

경제문제를 이해하기 위해 연구하던 중 작년에 미국에서 경제법 에 대한 책이 나온 것을 보았습니다. 영국의 유명한 경제학자 파킨슨 Northcote Parkinson 이 쓴 것인데 제목이 《민주주의는 곧 인플레이션Democracy equals inflation》이었습니다. 국회의원들이 법을 만들 때 이 사람도 만족시 켜야 하고 저 사람도 기분 좋게 하려다 보니 실제적 문제에는 무관심해졌다는 것입니다. 재당선을 위한 법을 만들었기 때문에 결론적으로 인플레이션을 초래하는 법을 만들었습니다. 만일 토지세를 올바르게 받으면 인플레이션도, 실업자도 막을 수 있고 부의 공정한 분배도 실현할 수 있지만 만약 국회가 그런 법을 만들면 지주들의 표는 가져올 수 없어 재당선이 어렵게 됩니다. 그래서 미국에서는 모두 자기 친구를 위한 '예외 규정'을 만들어야 했기 때문에 세금법이 너무 복잡해졌어요. 국회의원들이 얼마나 많은지 생각해 보십시오. 모든 국회의원들이 자기 친구들을 위해 '예외 규정'을 만들려고 했기 때문에 미국 세법 책이 무려 4만 페이지에 달하게 된 것입니다. 결과적으로 아무 뜻이나 방법도 없고 토지세도 없는 법이 되고 말았습니다. 토지세가 있기는 하지만 너무 적어요. 너무 가벼워서 효과가 없습니다.

정치 문제는 "빈곤에 대한 책임이 정부에 있다"는 주장에서 나옵니다. 정부가 가난한 사람들을 구제해야 한다는 법이 어디에 있습니까? 성경에 그런 구절은 한군데도 없습니다. 정부는 하나님의 법을 지키는 사람을 보호하고, 지키지 않는 사람에게는 벌을 주어야 하는 책임밖에는 없습니다.

하나님의 법에서는 가난한 사람들에 대한 책임이 교인들에게 있다고 했습니다. 개인에게 있습니다. 각 마을에서 3년마다 십일조를 모아서 그 마을에 있는 가난한 사람들을 도와주어야 한다고 나와있습니다. 운영비에 대해서는 언급되어 있지 않습니다. 마을금고에 모아둔 돈을 가난한 사람들에게 나눠주는 일은 반장이라도 다 할 수 있습니다. 몇 분 안에 다 해결할 수 있어요. 무슨 운영비가 필요합니까? 교회에서 한 다면 집사들이 그저 나가서 다 할 수 있지 않습니까?

그러나 정부가 이 일을 하게 되면 상당히 복잡해집니다. 먼저 현황을 조사하는 사회복지 전문가가 나와서 많은 월급을 받아야 할 것입니다. 대학교 졸업한 사람도 안 됩니다. 대학원 나온 사람이라야 합니다. 그리고 보호대상자가 정말 도움이 필요한지 아닌지를 연구하고, 긴 보고서를 써야 합니다. 이 보고서는 계장에게 올라가고, 그 다음은 과장에게, 부장에게, 그런 순으로 해서 마침내 장관에게까지 올라가요. 이들은 모두 월급을 받아야 할 사람들입니다. 확실히 계산할 수는 없지만, 추측컨대 가난한 사람에게 천 원을 주기 위해 월급쟁이들이 받는 돈은 아마 만 원이 되지 않을까 생각합니다. 또 세금을 거두기 위해서도 이만큼 많은 관리자가 필요합니다. 그러니 결국 세금을 거두어서 이 사람 월급주고 저 사람 월급주고 나면 우리가 낸 세금 중에 가난한 사람에게 돌아가는 돈은 10원 정도밖에 안 될 것입니다.

그러나 우리가 교회에 천 원을 주면 가난한 사람에게 천 원이 모두 돌아가게 됩니다. 이 일은 정부가 할 일이 아니라 교회가 해야 할 일이며, 우리 모두가 해야 할 일입니다. 이것이 성경의 법입니다. 그런데 왜 우리 자신이 이런 일을 하지 않고 자꾸만 정부를 탓합니까? 그것은 어리석은 일입니다. 실제적으로 정부는 자비를 베풀 수 없습니다. '자비'는 정부의 책임이 아니라 교회의 책임입니다. 바로 우리 그리스도인들의 책임입니다. '복지사회'가 얼마나 복잡한 사회며 얼마나 자유가 없는 사회인지 아십니까? 소위 '복지국가'라고 하는 것은 모든 국민들이 국가의 종노릇하는 것을 의미합니다. 자유주의가 아닙니다. 완전히 봉건주의로 되돌아간 것입니다. 자유주의와 복지사회는 공존할 수 없습니다. 복지사회를 이루기 위해서는 자유를 버려야 하고 자유를 원한다면 복지사회를 포기해야 합니다. 대신 자비로운 사회, 즉 각 개인이 가난한 사람을 책임지는 사회가 되어야 합니다. 이것이 성경이 원하는 사회입니다. 교인들이 그런 문제를 다 해결해야 합니다. 정부가 해결해야 한다는 법이 없습니다. 사실 공산주의 국가도 '노동자의 낙원'이란 슬로건을 내걸고 있지만 그 사회는 자유가 없는 봉건주의 시대보다 더 흉한 사회입니다.

토지세를 올리고 노력세는 내리라

그러면 우리는 어떤 노력을 해야 합니까? 먼저 토지세를 올리고, 건물세나 소득세와 같이 땀 흘려 일해서 얻는 수입에서 내는 세금들은 내려야 합니다. 토지세는 아무 노력도 하지 않고 다른 사람들이 일한 대가를 가로채어 생긴 수입에서 거두어들이는 것이므로 토지세를 올리기만 하면 실업자 문제나 인플레이션 문제는 물론 사회문제를 대부분 해결할 수 있습니다. 저절로 해결이 됩니다. 법을 복잡하게 만들 필요가 없습니다. 오히려 법이 훨씬 단순해져서 4만 페이지에 달하는 세법을 수십 페이지로 해결할 수 있습니다. 또 문제를 해결하기 위해 많은 월급을 주고 고용했던 관리자들은 모두 생산에 참여할 수 있게 되어 남의 노력에 기생하는 생활을 할 필요가 없게 되는 것이지요. 우리 국민의 상당수가 기생충과 같은 생활을 하는 것은 우리가 원했기 때문이며, 우리가 시켰기 때문입니다. 토지세만 받고 다른 세금을 전혀 받지 않으면 이들은 건설적이고 자존심 있는 생활을 할 수 있습니다. 시인이 될 수도 있고, 미술가가 될 수도 있고, 배를 타고 세상 구경을 하면서 여러 가지 좋은 일을 할 수 있습니다. 사무실 책상에만 앉아 소비하는 생활을 그만두고 뜻있는 생활을 할 수 있습니다. 사람들이 좋아서 그런 일을 하는 것입니까? 살아갈 수 있는 방법이 없기 때문에 그런 일을 합니다. 원해서 하는 것이 아닙니다.

토지세를 강화하기 위한 여러 가지 방법 중에 정치적인 접근 방법이 있습니다. 그러나 실제적으로 정치적인 방법으로는 별 효과를 기대할 수 없습니다. 지주의 세력이 너무 강해서 정치인들이 하고자 하는 마음이 있어도 실행하지 못합니다. 약 2년 전에 제가 국토개발연구원 신우회에 초대받은 적이 있는데 그 연구원의 약 3분의 1정도가 기독교인이었어요. 그 모임에서 토지에 대한 성경법을 알려주니까 그들이 얼마나 기뻐했는지 모릅니다.

"아! 지금 우리가 하고 있는 일이 바로 하나님의 일이구나!"라고 깨닫게 된 것입니다. 그들은 성경법에 대해 전혀 모르고 있었어요. 연구소 회원들에게 다시 한 번 강의해 주실 수 있느냐는 요청을 받아서, 그 다음날 오후 모든 일과가 끝난 후 강의실에서 원하는 사람은 누구나 강의를 들을 수 있도록 해주었습니다. 관심이 많아서인지 아니면 호기심 때문인지는 모르겠지만 거의 참석했습니다. 안 믿는 사람들도 전부 다 참석했어요. 부원장부터 그 아래 직원까지 다 와서 성경의 원리에 대한 강의를 들었습니다. 그 연구소 도서실에는 토지문제에 관한 참고 서적과 잡지도 제법 많이 있었습니다. 《토지와 자유》라는 잡지도 계속해서 받아보고 있었는데 그들이 이것들을 참고해서 국회 사람들에게 계속 알려주지만 효과가 별로 없었습니다.

국회조찬기도회에서도 강의한 적이 있는데, 이 모임은 국회에 있는 그리스도인들이 한 달에 한 번 모여 아침 식사와 예배를 드리며 좌

담하는 모임입니다. 아마 한국 국회의사당은 세계에서 유일하게 기도실을 가진 국회 건물일 것입니다. 기도실이 아주 아름답고 비교적 큽니다. 국회의원의 그리스도인 비율도 높습니다. 그에 비해 모이는 수는 적습니다. 그런데 월례예배 때 모인 사람들 앞에서 토지에 대한 문제를 설교했습니다. 모두들 관심이 많았습니다. 설교 후에 같이 식사하면서 그들은 "예, 우리가 지금 그런 법을 만드는 중입니다"라고 말했는데, 그 해에 토지에 관한 법이 86가지나 나왔습니다. 그러나 제일 간단하고 기초적인 '토지세'에 관한 법은 나오지 않았습니다. 대도시에는 토지세와 건물세가 똑같다고 했습니다. 그것은 하나님의 법에 어긋나는 것입니다. 원칙적으로 토지세는 올리고 건물세는 내려야 합니다. 토지는 하나님께서 우리에게 빌려주신 것이기 때문입니다. 우리에게는 토지를 차지할 권리소유권가 없습니다. 어느 정도는 나의 가족이 세금 없이 쓸 수 있지만, 그 외의 더 많은 토지를 쓰게 되면 세금을 내야 합니다. 그러나 여러 사람이 공동으로 사용하는 건물을 소유했다고 해서 세금을 많이 내는 것은 좋지 않습니다. 건물세를 자꾸 올리면 사람이 낙심해서 건물을 좋게 짓지도 않고, 그냥 땅을 놀려두기 때문에 일자리가 생기지도 않고 나라가 발전하지도 않습니다.

몇 년 전 한 정치인이 제주도에서 부동산 투기로 큰 부자가 되었다는 기사가 신문에 났습니다. 그런데 "부동산, 부동산"할 뿐 토지인지 건물인지에 대해서는 아무 말이 없었습니다. 사실 지난 20년 동안 건물 값은 3배가 올랐지만, 빈 땅 값은 70배나 올랐어요. 이것은 자기가 노력해서 부자가 된 것이 아닙니다. 놀면서 부자가 되었어요. 그 땅을 남이 사용하지 못하게 해서 부자가 된 것입니다. 토지세를 제대로 부과했다면 이런 일은 불가능했을 것입니다. 그래서 이 정치인이 그 땅을 독차지하지 않고 건물을 많이 지었다면 일자리도 많이 생겼을 것이고 나라도 더욱 발전하게 되었을 것입니다. 그러나 그 땅에 건물을 지으면 세금이 더 많아지니 건물을 짓지 않은 것이지요.

미국의 어떤 도시에서는 시민들이 법을 고쳤습니다. 매년 토지세는 올리고 건물세는 내리도록 한 것입니다. 그런데도 땅값이 올랐습니다. 왜 값이 올라갔습니까? 투자하는 사람들이 서로 "내가 더 주겠다"고 해서 값이 올라갔습니다. 그러나 결과적으로는 돈의 가치가 떨어진 것뿐입니다. 땅값이 올랐다고 토지 가치도 올라가는 것은 아니니까요. 토지 가치는 변함이 없는데 돈의 가치가 떨어지니 많은 사람들이 해를 입었습니다. 은행들이 돈을 벌려면 물가상승률 이상의 이득을 내야 합니다. 그래서 토지 투기를 자꾸 하는 것입니다. 갈수록 문제는 더욱 복잡해집니다. 그렇지만 이들의 세력이 너무 강하기 때문에 정치인들을 통해 법을 개정하기는 어렵습니다.

부자가 아닌 가난한 사람에게 기쁜 소식을

그러면 성경의 가르침은 무엇입니까? 만약 정부가 반대하면 우리는 그냥 손들고 포기해야 할까요? 예수 시대는 그보다 더 악독한 정치가 없을 정도로 부패한 때였습니다. 한국의 왜정시대보다 더 악한 상태였습니다. 그 당시 이스라엘 백성들은 로마 치하에서 심하게 억압받고 있었습니다. 그들에게는 인권이라는 것이 없었어요. 그때 예수께서 오셔서 자신의 목표와 할 일을 모든 사람들 앞에서 선포하셨습니다. 단순히 죄를 위해 죽겠다고 말씀하지 않았어요. 무슨 말씀을 하셨는지 봅시다.

누가복음 4장 18~19절을 보면 재미있게도 '그리스도'에 관한 말이 나옵니다. '그리스도'가 무슨 뜻입니까? 그리고 '주님의 영,' '기름부음을 받은 자'라는 말도 나오는데 '주님의 영'이 무엇입니까? 여기에 기독교의 중심이 있는데, 우리 기독교가 이 구절을 무시해 버리거나 혹 다르게 해석하고 있습니다. "주님의 영이 내게 내리셨다." 이것은 '성령의 능력'에 대한 말입니다. 즉 이것은 '성령의 능력을 받으면' 이라는 뜻입니다. 그런데 왜 성령의 능력이 있어야 합니까? "가난한 사람에게 기쁜 소식을 전하게 하셨다." 네, 가난한 사람들에게 기쁜 소식을 전하기 위해서입니다. 그러나 현대 교회는 가난한 사람들에게는 관심이 없고 오히려 부자들에게 기쁜 소식을 더 전하고 싶어합니다. 성경에는 부자들을 위한 기쁜 소식은 나오지 않아요. 다만 부자들에게는 "네가 가진 것을 남에게 나누어 준다면 혹시 네가 구원을 얻을 수 있을지 모르겠다"는 태도를 취하고 있습니다. 구약에서도 거듭 불의한 재물로 부자가 된 자들은 망할 것이라고 이야기합니다. 누가복음의 다른 구절을 봐도 그렇습니다.

누가복음 6장 20절을 봅시다.

"예수께서 눈을 들어 제자들을 보시고 말씀하셨다. '너희 가난한 사람들은 복이 있다. 하나님의 나라가 너희의 것이다.'"

이것은 예수께서 제자들에게 하신 말씀입니다. 그들 중에 부자는 없었고 모두 가난한 사람들뿐이었습니다. 그런데 오늘날 교회를 보세요. 어떤 상태입니까? 가난한 사람이 교회에 나오면 은근히 "교회를 새로 건축하는 데 헌금을 낼 수 없으면 덕이 안 되니 나오지 마십시오"라고 하지 않습니까?

"너희 지금 굶주리는 사람들은 복이 있다. 너희가 배부르게 될 것이다"눅 6:21.

"그러나 너희, 부요한 사람들은 화가 있다. 너희가 너희의 위안을 받고 있기 때문이다"눅 6:24.

현대 교회에서 이 말씀을 들을 수 있습니까? 예수님께서는 진심으로 이 말씀을 하셨습니다. 그러나 현대 교회는 예수님의 제자라고 하면서 이 말씀은 전하지 않습니다. 오히려 부자가 부자인 것은 하나님의 축복을 받았기 때문이라고 말합니다. 돈이 많으면 많을수록 축복을 받았다고 합니다. 누가 거짓말쟁이입니까. 예수님입니까, 현대의 목사들입니까? 예수님의 말씀은 "네가 돈을 많이 가지고 있다면 네게 화가 있을 것이다"이고, 현대 교회는 "네게 돈이 많은 것은 복을 받았기 때문이다"라고 말합니다. 우리는 둘 중 하나를 택해야 합니다. 예수께서 처음 오셔서 기본적인 말씀을 하실 때 "하나님께서 나를 세상에 보내신 것은 가난한 사람들에게 기쁜 소식을 전하기 위해서다"라고 말씀하셨습니다.

또한 '기름부음을 받았다'는 것은 '그리스도가 되었다'는 뜻입니다. 즉 '그리스도'란 '기름부음을 받은 자'라는 뜻입니다. 그리스도의 역할이 무엇입니까? 가난한 사람들에게 기쁜 소식을 전하는 것입니다. 부자에게 기쁜 소식을 전하면서 가난한 사람들은 무시하는 사람은 진정한 그리스도의 제자가 아닙니다. 세계에서 매일 굶어 죽는 사람들이 약 4만 명이지만, 이것은 예수를 믿는다고 시인하는 사람들만으로도 다 해결할 수 있는 문제입니다. 그러나 신자들이 "하기 싫다!"고 하기 때문에 해결하지 못하는 것입니다. 하나님께서 최후심판 때에 믿는 사람들에게 물어보시겠습니까, 믿지 않는 사람들에게 물어보시겠습니까?

"왜 내가 가르친 대로 실행하지 않았느냐? 왜 내 말을 듣지 않았느냐? 왜 내 계명을 지키지 않았느냐?"고 하실 것입니다. 예수님은 "포로된 사람들에게 해방을 선포하고, 눈먼 사람들에게 눈뜸을 선포하고, 억눌린 사람들을 풀어주"기 위해 눅 4:18b 보냄받았다고 하셨습니다. 해방신학을 믿는 신부들과 목사들이 바로 이 구절을 가지고 "우리는 사람들을 해방하라는 명령을 받았다. 해방을 위해 성령을 받았고 그것을 위해 하나님께서 예수님을 세상에 보내신 것이 아니냐?"라고 하면, 우리가 어떻게 반박할 수 있겠습니까? 반박할 말이 없어요. 사실이 그렇기 때문입니다. 그러나 그 다음 구절을 무시해 버리면 안 됩니다. 그것이 "우리가 군대를 조직하여 쿠데타를 일으키겠다. 목적을 위해서는 폭력도 불사하겠다. 싸워야 한다. 부자는 죽여도 된다!" 이런 뜻입니까? 성경적인 방법론은 다음 구절에서 나옵니다.

"주님의 은혜의 해를 선포하게 하셨다" 눅 4:19.

여기서 '은혜의 해'라는 말은 틀린 번역입니다. 이것은 신약에 약 4번밖에 나오지 않는 아주 드문 단어로 그 본래의 뜻은 '자원自願,' 즉 '스스로 원하는 해'라는 뜻입니다. 이것은 억지로 하거나 '공포' 때문에 하는 것이 아닙니다. 원하면 해도 좋습니다. 그러나 "원하지 않는다면, 나중에 심판은 받겠지만 그것을 위해 투쟁하지는 않겠다"는 것입니다. 여기에 해방신학과 정통 기독교의 갈림길이 있습니다. 해방신학자들은 우리가 싸워도 되고, 폭력을 행사해도 된다고 주장하고 있습니다. 또 공산주의와 손잡아도 되고, 혁명을 일으켜도 된다고 주장합니다. 예수님께서는 그런 말씀을 하지 않으셨습니다. 그런 구절은 성경 어디에서도 찾아볼 수 없습니다. 해방신학자들은 18절만 믿고 19절은 믿지 않습니다. 이것은 성경의 일부분만 믿을 뿐 성경 전체를 믿는 것이 아닙니다. 누가복음 4장 18절은 자신들의 이론을 정당화하는 구실에 불과합니다. 믿기 때문이 아닙니다. 물론 화를 내는 이유는 있습니다. 또한 타당한 것입니다. 이웃이 눌리고, 밟히는 것을 보고, 굶어 죽는 사람들이 많은 것을 보면 화를 낼 수밖에 없습니다. 그러나 우리의 싸움은 인간을 적대자로 상대하는 것이 아니라 악한 영들을 상대로 하는 것입니다. 화는 나지만 사람에게 화내지 말고, 이 어두운 세계의 지배자들과 악한 영들과 싸우라고 했습니다.

그러면 예수님의 말씀을 들은 사람들이 먼저 어떻게 해야 할지를 생각해 봅시다. 하나님의 해, 주님의 해를 선포하러 온다는 말씀은 바로 희년 선포를 뜻합니다. 분명히 그렇게 이해했습니다. 그런데 희년을 선포하기 위해서는 세력이 있어야 합니다. 즉 왕이 되어야 합니다. 그래서 예수님이 왕으로 오셨습니다. '기름부음을 받았다'는 의미의 '메시아,' '그리스도'라는 말이 바로 왕에 관한 말입니다. 다윗은 하나님의 기름부음을 받고 왕이 되었고 사울도 기름부음을 받았습니다. 모든 왕들이 대제사장에게 기름부음을 받아야 했습니다.

'그리스도'라는 뜻은 왕이 된다는 뜻입니다. 이스라엘 사람들은 이 설교를 잊지 않고 2년 동안 기다렸습니다. 언제 예수님이 혁명을 일으켜 왕이 되실 것인지, 언제 하나님께서 천군 천사를 보내 로마인들과 싸워서 예수님이 세상의 왕이 되게 하실 것인지 기다렸습니다. 아니, 세상의 왕이 못되어도 이스라엘의 왕만 되어도 좋겠다고 생각했습니다. 항상 그때가 언제냐고 물었습니다. 2~3년 동안 큰 기대를 가지고 기다렸습니다. 마침내 예수님께서 나귀를 타고 예루살렘에 입성하실 때 모두들 종려나무를 흔들면서 "호산나, 호산나! 우리 왕이 오셨다!"고 외쳤습니다. 예수님께서 왕이 되셔서 희년을 선포하실 것이라고 생각했습니다. 그 날 이후에 약 53일이 지나서 희년을 선포하게 되지만 그 것은 '자발적인 희년'이었습니다. 바로 예수께서 19절에서 말씀하신 자원적인 희년이었습니다. 그런데 어느 날 실행됩니까? 오순절날입니다.

원래 오순절에 희년을 선포하라는 법은 없습니다. 희년을 선포하는 날은 초막절입니다. 초막절이 되기 5일 전부터 나팔을 불며 온 땅에 희년을 선포하면 초막절 때까지 모든 사람들이 자기 고향으로 돌아가서 절기를 지켰습니다. 자신의 기업을 다시 회복하게 되는 것입니다. 그런데 하나님께서 초막절까지 기다리지 않으시고 오순절날 행하셨습니다. 왜 그렇습니까? '자원의 희년'이었기 때문입니다. 그러나 장차 법으로 희년을 선포할 때가 올 것입니다. 예수께서 다시 이 세상에 오셔서 만왕의 왕이 되어 공의로 온 세상을 다스리실 그때는 자원적인 희년은 없어지고 법적으로 희년을 실행하게 될 것입니다.

그런데 첫 번째 오셨을 때는 그렇게 하지 않으시고 대신 성령을 보내셔서 하나님의 율법을 마음속에 기록하셨습니다. 오순절은 십계명을 받은 날입니다. 그런데 성령이 이 오순절에 임하신 것은 우리에게 힘을 주셔서 자발적으로 율법을 지키는 사람이 되기를 원했기 때문이었습니다.

자원적인 희년의 실행

또 사도행전에서는 자원적인 희년이 어떻게 실행되었는지 볼 수 있습니다. 2장을 보면 성령이 임하셔서 방언이 터져 여러 나라에서 온 사람들에게 그 나라 말로 기쁜 소식을 전하면서, 하나님께 영광을 돌리고 결론적으로는 회개하라고 외치는 것을 볼 수 있습니다. 무슨 죄를 어떻게 회개하라는 말입니까? "하나님의 토지법을 지키지 않은 것에 대해 회개하라. 너는 불의를 행하고 자비하지 않았다. 의와 자비를 베풀지 않았으므로 회개하라. 교만하였으므로 회개하라. 거짓말했으니 회개해야 한다. 미움으로 가득 차 있었으니 회개하라. 네 이웃을 사랑하고, 네 원수를 사랑하라. 회개하고, 회개의 표징을 보여주기 위해 물로 씻음을 받고 세례를 받되 예수 그리스도의 이름으로 하면 네가 죄 사함을 받을 수 있다"는 것입니다.

예수님이 십자가에서 돌아가신 이유가 바로 이것입니다. 문을 열기 위해서입니다. 우리가 하나님의 자유의 해, 자원의 해에 들어갈 수 있도록 우리의 마음 문을 열기 위해서입니다. 죄로 물든 마음 대신 자원하는 마음, 주의 뜻대로 살며 실행하고자 하는 마음을 얻기 위해 예수의 이름으로 세례를 받으면 성령을 선물로 받게 될 것입니다. 이 말씀을 듣고 삼천 명이 그 날로 세례를 받고 성령을 받았습니다.

그런데 성령 세례를 받은 후의 결과가 어떻게 나왔습니까? 44절을 보면 "믿는 사람은 모두 함께 지내며, 모든 것을 공동으로 소유하였다"고 했습니다. 신자들이 모두 함께 모여 모든 것을 공용했습니다. 여기에서 '코이노니아'라는 말이 나옵니다. 모든 것을 같이 했다는 것입니다. 또한 45절을 보면 "그들은 재산과 소유물을 팔아서, 모든 사람에게 필요한 대로 나누어 주었다"라고 했습니다. 자신의 물건과 땅을 팔아서 필요한 사람들에게 나누어 주기 시작했습니다. 그런데 예수께서 제자들을 보시고 "가난한 너희들이 복이 있다"고 말씀하셨습니다. 예수의 제자들은 대부분 다 가난한 사람들이었지만 이 가난한 제자들이 서로 나누어 주기 시작했을 때 문제가 해결되었습니다.

사도행전 4장 32절을 봅시다. 이 구절은 몇천 명이 더 들어온 후의 일입니다. 며칠 후에 남자만 4천 명이 믿었습니다. 그래서 이 말이 나올 때는 벌써 교인이 만 명 정도는 되었을 것입니다. "많은 신도가 다 한마음과 한뜻이 되어서, 아무도 자기 소유를 자기 것이라고 하지 않고, 모든 것을 공동으로 사용하였다." 모든 것을 코이노니아했습니다. 또 34절에는 "그들 가운데는 가난한 사람이 한 사람도 없었다"고 했습니다. 경제문제를 해결하게 되었습니다. 한 사람도 죽이지 않고, 혁명 없이, 공포 없이 어떤 정치적인 세력이나 총, 대포 등의 무기없이 문제를 해결한 것입니다.

오늘날 세상에는 예수를 믿는 이들이 얼마나 많은지 모릅니다. 그들이 소유한 토지와 부 또한 얼마나 많은지 알 수 없습니다. 만약 그들이 스스로 자원적인 희년을 선포하고 초대 교회와 같이 모든 것을 통용하기로 결정하기만 하면(나중에 여러 가지 방법을 말하겠는데 그 중에 한두 가지 정도만 실행해도) 세상의 궁핍한 사람들의 문제를 다 해결할 수 있습니다. 매일 4만 명이 굶어 죽는 일도 없어지고 다 함께 살아갈 수 있게 될 것입니다. 그 힘이 우리 속에 있습니다. 그런데 우리는 하나님이 바보인 줄 알고 자꾸만 "안 된다", "할 수 없다"고만 해요. 투쟁하지 않으면 안 된다고 합니다. 누가 바보입니까? 하나님입니까, 우리들입니까?

물론 해방신학자들은 성경이 하나님께서 말씀하신 것이 아니라고 합니다. 즉 성경이 하나님의 말씀이 아니라고 주장하기 때문에 "하나님이 바보"라는 말은 하지 않습니다. 그러면 하나님께서 누구를 통해 말씀하셨습니까? 저들은 칼 마르크스를 통해 대답하셨다고 주장합니다. 그렇게 대답한다면 할 말이 없어요.

저는 성경이 하나님의 말씀인 줄 믿고, 또한 역사적인 사실인 것을 믿습니다. 또 제가 알기에는 약 300년 동안─예수 시대, 즉 오순절 성령강림 이후부터 AD 313년 콘스탄티누스 황제 시대까지─교회가 이렇게 살았습니다. 물론 시험에 빠진 교회들도 있었습니다. 예루살렘 교회에서도 부자들에게 아부하고 가난한 사람들을 무시해 버린 일이 있었습니다. 야고보서를 보면 분명 그런 문제가 있었다는 것을 알 수 있습니다.

요한일서를 봐도 그런 문제가 있었음을 알 수 있습니다. 거짓말쟁이들, 즉 하나님을 사랑한다고 하면서 이웃을 사랑하지 않는 사람들, 형제를 무시해 버리는 사람들이 있었습니다. 그렇지만 굶어 죽는 교인들은 없었습니다. 핍박을 받아 십자가에 못 박히거나 칼에 목베여 순교할 뿐이지, 경제문제로 죽은 사람은 없었습니다. 그러나 국가가 기독교를 공인하면서 하나님의 법을 지키는 것을 거부했고 희년을 지키지 않고 교회 안에서 지주들을 그대로 인정하게 되었습니다. 가난한 사람에게는 복음을 전하지 않고 부자들에게만 좋은 소식을 전했으며 남을 이용하고 하나님의 법에 어긋나도 괜찮다고, 하나님의 법이 백지화되었다고 전하기 시작했습니다. 그래서 그때부터 지금까지 갈수록 문제가 더욱 복잡해진 것입니다.

9장

자원의 희년을
지키는 방법

도시를 떠나는 운동

오늘날 우리가 '자원의 희년'을 지키려면 어떻게 해야 합니까? 여기 일곱 가지 방법이 있습니다. 첫째는 도시를 떠나는 운동입니다. 왜냐하면 도시의 땅이 워낙 비싸서 교회가 취급하기가 아주 어렵기 때문입니다. 또는 도시 주위에 교인들이 구입할 수 있는 땅이 있으면 함께 경작하며 공동체 생활을 할 수도 있습니다. 그러나 아직은 도시를 완전히 떠날 때가 되지는 않은 것 같아요. 우리가 다 떠나면 누가 도시에 남아있는 사람들에게 복음을 전할 수 있겠습니까? 우리는 노동자들에게도 복음을 전파할 책임이 있기 때문에 도시를 완전히 떠나면 안 됩니다. 대신 도시에 땅을 가진 사람들이 공동체 생활을 하면서 그들에게 그리스도의 사랑과 능력을 증거해야 합니다. 그러나 현대 교회에는 노동자들을 위한 기쁜 소식이 없습니다. 해방신학자들이 데모하면 문제를 해결할 수 있다고 노동자들을 선동하는 바람에 문제가 더 복잡해진 것뿐입니다. 일반 신자들이 합심하면 노동자 문제를 해결할 수 있지만 그들에게는 노동자에 대한 관심이 별로 없습니다.

30년 전 제가 한국에 선교사로 처음 왔을 때에는 85퍼센트의 인구가 농촌에서 살았고 15퍼센트만이 도시에 살고 있었지요(그 중에는 월남한 피난민들이 상당수 있었습니다). 그런데 지금은 반대로 전체 인구의 85퍼센트가 도시에 살고, 15퍼센트만이 농촌에 남아있는 실정입니다. 이곳 하장면 인구도 해마다 줄어드는 추세여서 한때 1만 2천 명이나 되던 주민이 지금은 절반으로 줄어 6~7천 명 정도밖에 안 됩니다. 많은 사람들이 도시로 떠나는 바람에 이 나라에는 버려진 땅이 많습니다. 우리가 처음 예수원을 위해 장소를 물색할 때에도 빈 땅이 많았습니다. 정부에서 저에게 그 땅을 계약하라고 권했지만 땅이 너무 커서 제가 감당할 수 없었습니다. 도시에 있는 그리스도인들이 원했다면 충분히 개간할 수 있었겠지만 대부분 개간에 관심이 없었습니다. 지금도 이 나라에 개간지가 많지만 많은 사람들이 그것을 외면한 채 인구문제가 심각하다고만 주장합니다. 사람이 너무 많아서 못 산다고 합니다. 그러나 사실은 그렇지 않습니다. 전 세계 인구가 미국으로 이민을 간다고 가정할 때 산이나 광야, 사막 지역을 제외하고 농지에서만 살아도 인구밀도는 남한의 4분의 1밖에 안 된다는 통계가 있습니다. 즉 지금 전 세계 인구의 4배가 모두 미국으로 간다고 해도 현재 남한의 인구밀도밖에 안 된다는 결론입니다.

하나님께서 우리에게 주신 지구는 아주 풍성한 곳입니다. 현재 지구 인구의 10배로 늘어나도 충분히 살 수 있습니다. 하나님의 법을 지키며 토지를 올바르게 사용하기만 하면 얼마든지 살아갈 수 있습니다. 인구문제는 거짓말입니다. 지주들이 문제의 초점을 흐리게 만들기 위해 만든 연막일 뿐입니다. 토지를 공의롭게 분배하고 효과적으로 활용하기만 하면 복잡한 사회문제는 다 해결할 수 있습니다. 다시 한 번 농촌으로 돌아가는 운동을 전개해서 버려진 땅을 구입해 개간하고 하나님의 법을 연구해서 토지를 효과적으로 활용하는 방안을 시도해야 합니다.

토지권 무르기

자원적으로 희년의 법을 지키는 두 번째 방법은 그리스도인들이 가난한 친척을 위해 토지권을 '무르는 것'입니다. 성경에는 만일 어떤 사람이 가난해 자기 땅을 팔게 될 경우에는 그의 가장 가까운 친척이 그 땅을 무르라고 명했습니다레 25:24~28 참조. 이것은 땅을 되찾도록 도와주라는 명령입니다. 교인들이 이런 경우를 당해도 성경적인 해결책이 무엇인지 몰라요. 그런 말을 들어보지도 못했습니다. 그러나 성경은 분명합니다. 디모데전서 5장 8절에 가난한 친척을 도와주지 않는 사람은 믿음을 저버린 사람이라고 했습니다. 가난한 친척들이 지금까지 안 믿는 이유는 그리스도인이라고 하는 부자들이 어려움에 빠진 친척을 외면했기 때문입니다. 그러나 성경에는 친척들의 문제를 해결해 준 다음, 다른 가난한 사람을 도우라고 명백히 가르치고 있습니다.

은행을 통한 방법

세 번째 방법은 은행을 통해 하나님의 법을 실행하는 것입니다. 가난한 사람들에게 돈을 빌려주는 은행이 있습니다. 주로 흑인에게 많은 도움을 주고 있지만 1986년에는 흑인 20가족, 백인 8가족, 교회와 다른 비영리단체에도 돈을 빌려주었습니다. 이자는 연 7~11퍼센트밖에 안 됩니다. 돈을 한꺼번에 갚지 못할 경우에는 매월 조금씩 갚을 수 있고, 또 일자리를 잃고 실의에 빠져 있는 사람에게는 은행장이 직접 그 집을 방문해 형편을 알아보고 일자리를 구하기 위해 함께 노력하며 돈은 나중에 갚을 수 있도록 배려해 주기도 합니다.

이 은행이 있는 '피츠버그'는 비교적 안정된 도시에 속하지만 실업자가 40퍼센트에 달한다고 합니다. 특히 흑인은 3분의 1이 실직 상태입니다. 이것이 미국의 현재 실정입니다. 세상에서 제일 큰 부자 나라가 그 모양이에요. 일자리가 없으면 수입도 없고, 집도 구할 수 없는 것이지요. 이 은행은 사람들이 직업이나 자기 일을 가질 수 있도록 도와주려고 얼마나 노력하는지 모릅니다. 은행이 돈을 모아서 예수의 이름으로 빌려주는 것, 이것이 실제주의입니다.

이 은행에서 나오는 편지를 보면 마치 설교와 같아요. 예수님도 땅에 모아두지 말고 하늘에 저금하라고 하셨는데 그것이 무슨 말씀입니까? 저의 친척 중 한 분이 특별히 아이들이 대학 가는 데 쓰라고 돈을 보내준 적이 있습니다. 예수원을 위해 쓰지 말고 자녀들 학비를 위해 저축하라고 했습니다. 만일 우리가 이 돈을 보통 은행에 저금하게 되면 이자를 10~14퍼센트까지 얻을 수 있지만, 이 은행에 저금할 경우

8퍼센트의 이자밖에 받지 못합니다. 그러나 저축한 돈은 100퍼센트 모두 가난한 사람들을 위해 사용됩니다. 이것은 저금이라기보다는 가난한 사람들에게 돈을 빌려주는 것과 같습니다. 성경은 가난하고 어려운 사람에게 등을 돌리지 말고 필요한 대로 빌려주라고 했습니다. 그런데 우리 신자들은 대부분(한국이든 미국이든) 돈이 생기면, 먼저 어느 곳에서 가장 높은 이자를 얻을 수 있는지 물어보고 거기에 투자를 합니다. 어떻게 그 돈으로 가난한 사람들을 도와줄 수 있는지에 대해서는 도무지 관심이 없습니다. 우리가 아무리 이자가 많은 곳에 돈을 투자해도 인플레 때문에 돈 가치는 계속 떨어집니다. 그러나 이 은행의 경우는 그 동안 그 돈으로 많은 가난한 사람들에게 실제적인 도움을 주고, 하나님의 일을 했기 때문에 8퍼센트의 이자를 받아도 돈 가치는 오히려 높아진 셈이지요.

성경은 가난한 사람들에 대한 책임이 우리에게 있다고 합니다. 그러므로 우리는 그들을 위해 재물을 효과적으로 사용해야 합니다. 여러 가지 방법론이 있겠지만 이런 은행을 활용하는 것도 한 방법이 될 수 있겠지요. 한국에도 이와 같은 일들이 많이 일어나도록 기도합시다.

오늘날 '현대화'란 소리를 많이 듣게 되는데 그것은 하나님의 법대로 나가는 것이 아닙니다. 유해한 결과를 초래할 뿐 아니라 오히려 어리석은 일임에도 불구하고 거의 모든 대학에서 그것을 가르치고 있습니다. 대학에서 배운 대로 농사를 짓고부터 사실 더 못살게 되고 문제만 복잡하게 되는 경향이 나타났습니다. 농촌 지도소에서 '현대화,' '기계화'를 강조하고 그릇된 방법으로 지도한 결과 지금 농촌 사람들이 빚에 빠져서 살아가기가 어렵게 된 것입니다.

이것은 비단 한국에만 있는 문제가 아닙니다. 최근 미국 성공회에서 발행하는 잡지를 보니 현재 미국의 농촌 문제가 너무나 심각한 상태라 20년 만에 다시 이 문제를 연구하는 모임이 결성되었다고 합니다. 20년 전까지만 해도 사람들은 큰 문제없이 농촌에서 살 수 있었습니다. 그런데 밀어닥친 현대화 물결로 인해 올바른 농촌 지도자가 사라졌습니다. 농촌 교회 지도자들은 문제의 근본 원인이 어디에 있는지조차 모르고 다만 문제가 복잡하고 심각하다는 사실을 인정할 뿐이었습니다.

최근 몇 년 동안 미국 농민의 약 4천 명이 농지를 잃었습니다. 자기 소유의 농장이 큰 회사에 다 넘어갔습니다. 개인이 농사짓기가 너무 어려워서 해마다 실패하는 사람이 많아지고, 자살하는 사람도 증가하는 추세입니다. 그만큼 문제가 심각해졌는데 이것은 올바른 농촌 지도 대신 '현대화'란 그럴듯한 미명 아래 탐욕적인 정신이 스며들면서 사태를 악화시킨 것입니다. 하나님의 법에 대한 관심은 점점 줄어들고 오직 벼락부자가 되고 싶은 욕망만이 널리 퍼졌습니다. 그러나 마음 먹은 대로 벼락부자도 못 되고 오히려 큰 집에 빠져 더 못살게 되었을 뿐입니다. 이 문제는 다시 한 번 뒤에서 다루겠습니다.

다음은 소작료에 관한 것으로, 성경에서는 20퍼센트까지 받을 수 있도록 규정하고 있습니다. 뚜렷한 규정이 나타난 곳은 없지만 요셉의 실례를 보아 20퍼센트 정도를 받는 것이 원칙이라는 것을 알 수 있습니다창 41:34~35. 만일 신자에게 자기가 경작하지 않는 농지가 있을 때 경작하려는 사람들에게 소작료를 20퍼센트 정도만 받는다면 분명 그 소작인에게 큰 도움을 줄 수 있을 것입니다. 그렇지만 궁극적으로는 땅 없는 사람들이 땅을 가질 수 있도록 도와주어야 합니다. 몇 가지 방법이 있기는 하지만 우선 돈 있는 사람들이 땅을 사서 가난한 사람들에게 빌려주고, 20퍼센트의 소작료로 계속 임대해 주는 대신 소작료를 포함해서 5~10년 정도의 장기간 동안 낮은 비율로 조금씩 갚게 해서 결국 그 땅을 소유할 수 있도록 배려해 주는 방법도 있습니다.

그러나 일반적으로 부유한 신자들은 땅 없는 사람들에게 너무 무관심합니다. 신자로서 마땅히 해야 할 실제적인 책임인 줄 알지만 실행하는 사람이 없습니다. 너무나 가슴 아픈 일입니다! 땅이 있으면 그것을 이용해서 어떻게 큰 부자가 될 수 있을까 하는 생각밖에 없어 보입니다.

지방 토지신탁 사단법인 운영

네 번째 방법으로는 '지방 토지신탁 사단법인' 운영입니다. 이것은 미국에서 약 20년 전부터 시작한 것입니다. 여러 사람이 큰 필지의 땅을 구입해서 재단법인이나 사단법인을 만들 수 있습니다. 또 땅은 있지만 스스로 개발할 형편은 못 되고, 그렇다고 땅을 놀릴 수는 없을 때 또는 유익하게 사용하기 위해 국토개발과 가난한 사람을 위한 법인체를 만들기도 합니다. 토지신탁! 누구든지 토지가 있으면 신탁할 수 있는 것입니다. 은행에서 돈을 대출해 주는 것과 유사한 방법입니다. 국토 토지은행이란 것도 있지만 이것과는 성격이 달라요.

개인들이 스스로 모여 땅을 올바르게 사용하도록 결정하고 사단법인을 조직한 후 누가 쓰기 원하는지 광고를 냅니다. 신청자가 있으면 어떤 용도로 그 땅을 사용할 것인지 조사해 보고 제일 효과적으로 사용할 사람에게 땅을 빌려주는 것입니다. 일단 한 번 임대해 주면 그 비용은 최소한의 운영비 외에 요구하지 않는데 그것도 연 5퍼센트 내지 2퍼센트 정도밖에 안 됩니다. 약간의 운영비만 부담하면 죽을 때까지 그 땅을 쓸 수 있고, 본인이 원한다면 자손에게 물려줄 수도 있습니다. 다만 그 자손이 원하지 않거나 본인이 그만 사용하고자 할 때는 그 땅을 팔 수 없고 다시 한 번 광고를 내어 새로운 신청자를 물색해야 합니다. 그런데 본인이 계속 그 땅에서 일하고자 하면 자기 땅과 다름없이 일하고 싶은 만큼 사용할 수 있습니다. 그러나 만약 그 사람이 땅을 잘못 사용해서 땅의 가치가 떨어지게 되면 땅을 다시 되돌려받을 권리가 있습니다. 사실 미국에서는 땅을 잘못 사용하는 문제가 심각합니다.

몇 년 전까지만 해도 한국에는 그런 문제가 없었지요. 중국, 일본, 한국의 농민들은 약 4천 년 동안 땅을 잘 보존하며 올바르게 농사를 지었기 때문에 지금까지 땅이 기름진 편인데, 미국은 200년이 채 못 되어서 땅이 못쓰게 되었습니다. 미국의 농사는 사실 광업(!)이나 다를 바 없습니다. 탄광에서 탄을 일단 채굴하고 나면 그 탄광은 못쓰게 되지 않습니까? 미국 사람들의 농사짓는 방법도 그런 식입니다. 한 땅에 있는 좋은 것을 다 캐내서 팔아버리고, 그런 다음 다른 곳으로 이주합니다. 남아있는 땅은 아주 못쓰게 돼요. 한국이 4천 년 동안 같은 땅을 경작해 왔으면서도 아직까지 땅이 비교적 기름진 것과는 대조를 이룹니다.

소위 '현대화'된 농사란 이처럼 광산업과 같은 것입니다. 그래서 토지신탁 사단법인에서는 땅을 올바르게 사용하도록 감독하고 빌려주되, 사용하는 동안은 자기 소유나 다를 바 없게 하는 것입니다. 또 원한 다면 자손에게 기업으로 물려줄 수 있습니다. 성경적이며 실제적인 이 일을 이 나라에서는 실행할 수 없을까요?

공동체를 통해

다섯 번째 방법은 공동체를 통해 자발적 희년을 실행하는 것인데 세 가지 유형으로 나누어 볼 수 있습니다.

단일세 마을

이것은 어느 단체에서 한 지방의 토지를 전부 구입해 원하는 사람들 에게 빌려주고 토지세만 받고 소득세와 다른 일체의 세금은 그 단체가 대신 내주는 방법입니다. 현재 미국의 알라바마에서 시행하고 있는데, 만일 제가 그 마을에서 살기로 결정했다면 사무실로 가서 정부에 내야 할 세금에 대해 보고만 하면, 사무실 직원은 저를 속이는 일없이 계산 을 다 해줍니다. 그러면 저는 정해진 토지세만 사무실로 내고 사무실 에서는 제가 부담해야 할 모든 과세를 대신 납부해 줍니다.

그런데 결과는 오히려 재정이 남는다고 해요. 토지세만 받으면 모든 것이 충분하다는 사실을 입증해 주는 좋은 사례입니다. 지주들이 이것 을 보고 자신들이 부끄럽게 되니 얼마나 싫어하는지 모릅니다. 많은 사람들이 '단일세'만 내면 재원이 부족해질 것이라고 주장하지만 이 마 을에 와서 직접 보고 나면 그 말이 허구임을 확인할 수 있습니다. 다른 모든 과세를 부담할 뿐만 아니라 재정이 남아서 마을 길 닦는 것이나 상하수도, 전기, 전화시설은 물론 학교도 설립할 수 있었습니다. 토지 가치의 증가분에 대한 세금만으로 재원이 충분히 마련될 수 있습니다.

지주들이 모든 수단을 다 동원해서 이것을 막으려 하고 단일세 마을을 법적으로 파괴시키려고 여러 번 시도했지만 법원에서는 문제점을 발견하지 못했습니다. 틀린 점이 없다고 합니다. 그런데 이 운동이 퍼지고 있지 않습니다. 지주들이 싫어하기 때문입니다. 또 다른 실제적인 이유는 한 마을 전체나 면 전체를 구입할 수 있는 재력 있는 사람이 별로 많지 않다는 것입니다.

키부츠, 모샤브식 공동체

둘 다 히브리말로 '모임'이란 의미를 가진 단어입니다. '모샤브'가 보통 모임이라면 '키부츠'는 좀더 강하게 밀착된 모임이라 할 수 있습니다. 이 말은 성경에 나오는데, 바빌론 포로생활에서 해방되어 귀환할 당시 수만 명의 사람들이 함께 길을 따라 물결처럼 몰려오는 모습에서 유래되었습니다. 현대에서는 둘 다 공동농장을 의미합니다. 여러 가족들이 힘을 모아 큰 농장을 마련하는 것입니다. 다만 '모샤브'의 경우 각 가족이 자기 집이나 자기 땅을 따로 소유하면서 서로 협력하고 도와주는 형태입니다. 개인 살림을 인정해 주는 것이지만, 함께 모여 공동으로 운영하기 때문에 협력하는 일이 많습니다. 완전히 개인적인 생활보다는 훨씬 낫다고 볼 수 있겠지요.

우리 예수원 목장이 모샤브 방향으로 나아가는 것이라면 예수원 본원의 생활은 키부츠와 비슷한 유형이라 할 수 있습니다. 한 집에 살면서 기숙사 생활하고 모든 것을 공동관리하기 때문에 주인 의식이 부족해지기 쉽다고 하는 사람들도 있습니다. 일반적으로 모샤브에서 주인 의식이 더 강하게 나타날 수도 있지만 키부츠도 잘만 하면 주인 의식이 강해질 뿐 아니라 모두 열심히 일하고 협력해서 효과적인 생활을 영위할 수 있습니다. 하루에 약 6시간 정도만 일하고 남는 시간은 연구를 하거나 미술, 음악 등의 취미 활동도 할 수 있고 교제 시간도 많이 가질 수 있습니다. 실제로 키부츠에서도 충분히 문화생활을 영위하면서 농사도 짓고 생활 문제도 해결했습니다. 성공한 것입니다.

이스라엘에서 키부츠를 처음 시작할 때는 시온을 건설하기 위한 한 가지 목표 아래 뭉쳤습니다. 시온! 시온! 하나님에 대한 생각 대신 오직 잃어버린 고토故土를 회복하는 것이 그들의 유일한 목표였습니다. "이스라엘 나라를 회복하기 위해 희생자가 되어도 상관이 없다"는 강한 정신이 있었기 때문에 아주 잘 되었습니다.

1948년에 마침내 이스라엘이 독립 국가를 선포함으로써 원래의 목표를 달성했지만, 정부가 들어서면서 갑자기 복잡한 문제가 생겼습니다. 독립된 정부가 있으면 일할 관리가 필요한 법입니다. 그 때문에 각 키부츠에서 제일 똑똑한 사람들이 대부분 정부 관리로 채용되었습니다. 아랍인이나 영국인들이 다스릴 때는 유대인 대부분이 농사만 짓고 있었지만 나라가 독립하면서 결과적으로 제일 똑똑한 사람들이 키부츠에서 없어지게 된 셈입니다.

이스라엘 건국으로 키부츠의 원래 목표가 성취되고 나니 "왜 우리는 이렇게 희생적인 일만 해야 하는가?"라는 의심이 생기고, 종교적으로도 나뉘게 되어 보수주의 유대인, 진보적인 유대인, 그리스도인 등이 각각 다른 키부츠에서 살게 되었습니다. 그래도 지금까지 키부츠 운동은 계속되고 있으며, 한 개인으로서 해결하지 못하는 일들은 키부츠식으로 해결해 나가고 있습니다.

프란시스란 이름을 가진 한 유대인 가족이 이스라엘로 이민와서 땅을 구입해 농사를 짓기 시작했습니다. 얼마나 열심히 일했는지, 세 가족이 부지런히 농사를 지어서 돈도 많이 모을 수 있었습니다. 그러면서 그들은 "이 키부츠 사람들은 너무 게을러서 하루 6시간 이상 일하지 않아요! 그러니 생산이 적을 수밖에 없지요. 우리 가족은 적은 인원으로 그들보다 배 이상 수확합니다"라고 말하는 것이었습니다. 이 비판에 대해 키부츠 사람들은 "우리는 돈을 벌기 위해 일하는 것이 아니고 단순히 생산하기 위해서 사는 것도 아닙니다. 당신 가족은 땀 흘리는 것밖에 몰라요. 돈을 벌어서 여러분은 어디에 사용하겠습니까? 우리 키부츠에서는 6시간만 농사지으면 충분해요! 우리는 의식주 문제 해결하고 남는 시간을 잘 활용해서 문화생활을 하겠습니다. 음악이나 연극도 하고 책 쓰고 연구하고 서로 교제도 나누며 재미있게 살려고 합니다"라고 말했습니다.

사실 키부츠 생활은 그만큼 효과 있고 여유가 있는 생활입니다. 그런데 아직까지 우리 예수원에서 그런 효과를 보지 못하는 이유는 무엇 때문일까요? 아직 개간 중이기 때문입니다. 게다가 구성원들도 대부분 아직 일에 익숙하지 못합니다. 개척 시기에는 왔다가 떠나는 유동인구가 너무 많아 안정된 분위기도 아닙니다. 최근 들어 비로소 수련자보다 정회원 숫자가 더 많아지기도 했지만 그 전에는 항상 수련자들이 회원보다 서너 배 많았습니다. 그래서 예수원 운영에 상당한 어려움이 있을 수밖에 없었습니다. 때가 되면 키부츠와 같이 효과적인 공동생활을 할 수 있으리라 믿습니다. 현재 이스라엘의 키부츠 중에는 역사가 우리처럼 20년밖에 안 되는 것도 있지만 40~50년 되는 곳이 대부분입니다.

키부츠 운동은 1948년 이스라엘이 독립하기 오래전부터 시작되었습니다. 1920년대부터 시작한 것으로 알고 있는데, 현재 2~3대까지 대를 이어 키부츠 생활에 아주 익숙하게 되었습니다. 우리 예수원도 인내심을 가지고 꾸준히 성장하노라면 머지않아 한국적 토양에 맞는 성숙한 그리스도인 공동체가 될 것입니다. 이것을 기대하며 모두 개척자적인 희생정신으로 나아가기를 소망합니다.

말세를 위한 준비

빚을 지지 말라

성경에 말세가 오면 화폐를 사용하지 못하게 될 것이라고 했습니다. 모든 사람들이 고유번호만 가지고 매매할 것입니다. 지금 미국이나 한국에서도 그 제도가 어느 정도 정착된 것을 볼 수 있습니다. 신용카드마다 번호가 있는데 시장에 가든 주유소에 가든 카드만 보여주면 돈을 내지 않고 물건을 구입할 수 있습니다. 카드를 기계 속에 넣으면 은행과 연락해서 신용이 있는지 없는지 금방 확인이 됩니다.

카드가 상당히 편하기는 하지만 많은 사람들이 현금이 얼마나 남아있는지 생각하지 않고 무분별하게 소비함으로써 빚에 깊이 빠지게 됩니다. 또 카드를 분실할 경우 다른 사람이 나의 신용을 도적질할 수 있다는 사실 때문에 점차 카드 대신 번호를 이마나 손에 새깁니다. 외관

상 아무런 표시도 없지만 자외선으로 비추어 보면 금방 번호가 나타남으로써 그 사람의 신용 여부를 확인할 수 있는 것입니다.

성경은 몸에 짐승의 숫자를 받으면 심판을 면치 못할 것이라고 경고하고 있습니다. 그런데 스웨덴에는 벌써 실험적으로 몸에 그 숫자를 받은 사람이 있습니다. 성경 말씀을 정면으로 무시하는 행위지요. 과거에 기독교 국가였지만 지금은 인본주의 국가가 되어버린 나라가 스웨덴, 노르웨이, 덴마크, 아이슬란드 등입니다. 기독교가 국교가 되자 교회는 일종의 기관과 같이 되어버리고 사람들은 신앙에 대해 무관심해지고 차츰 교회에 등을 돌리게 되었습니다. 현재 스웨덴에는 기독교 신자가 8퍼센트에 불과합니다. 영국에서도 14퍼센트만 교회에 나갑니다. 기독교 신자가 모든 교파를 합해 전체 인구의 14퍼센트밖에 안 되는 것입니다. 영국에 비해 한국은 신자 비율이 거의 두 배에 가까운 24퍼센트입니다.

아무튼 말세가 되면 돈을 못 쓰고, 카드나 몸에 숫자를 받지 않을 경우 신용이 없으므로 거래를 전혀 못하게 될 것입니다. 여행도 못하고 시장에서 물건을 살 수도 없고 도무지 살아갈 수 없는 상황이 현실로 다가올 날이 멀지 않았습니다. 그렇게 되면 도시에서 살기란 너무나 힘들게 될 것이며 농촌으로 가서 직접 채소와 작물을 기르며 살아야 할 것입니다. 그때가 가까이 다가왔다고 합니다. 그러므로 우리 신자들은 그때를 대비해야 합니다.

먼저 다른 무엇보다 빚을 모두 갚아야 합니다. 빚이 있으면 빨리빨리 해결해야 합니다. 미국인들은 대부분 빚에 깊이 빠져서 일자리를 잃게 되면 집이나 자동차, 가구, 카페트 등의 재산을 순식간에 날려버립니다. 겉은 화려해 보이지만 자기 것이 아닌 은행에서 빌린 것들뿐이지요! 일자리가 없어지면 빌린 돈도 갚지 못하고 아무것도 남지 않습니다. 완전히 은행의 종이 되는 것입니다. 그러므로 신자들은 가능한 빨리 빚을 모두 갚고 재정적으로 자유롭게 살 수 있어야 합니다.

농촌을 연구하라

그 다음에 도시를 떠나야 합니다. 농촌에 가서 스스로 의식주 문제를 해결하고 돈 없이도 살 수 있는 능력을 키워야 합니다. 그러기 위해서는 농촌 생활을 깊이 연구해 효과적인 영농기술과 농촌 경제의 성격을 잘 파악하고 있어야 합니다.

지금 농민들이 왜 실패하고 있습니까? 왜 피땀 흘려 농사를 짓고도 자기 땅 팔고 빚에 빠지고 있습니까? 은행에서 돈을 빌려서 비료값, 씨앗값, 농기계값, 품삯 등을 메꾸느라고 허리가 휠 정도입니다. 자기 씨앗으로 종자를 받았다면 씨앗값은 안 나가요, 거름을 준비했더라면 비료값을 따로 지출하지 않아도 됩니다. 소를 길렀다면 경운기가 필요 없습니다. 그런데 이것저것 다 돈! 돈! 돈이 들어가다보니 급기야 도저히 갚지 못할 지경에 이른 것입니다.

이 지방 농민들이 경제적으로 큰 타격을 입는 것은 흉년이 들었기 때문이 아닙니다. 오히려 수확을 지나치게 많이 해서 배추 값이 전국적으로 폭락했기 때문에 망했습니다. 도대체 이것이 어떤 경제 제도입니까? 흉년이나 재난으로 작물 가격이 오르면 살고, 풍년이 들면 망한다! 미친 경제입니다. 현대 학자들이 미친 사람들입니다. 기계화, 현대화의 바람을 불어넣은 것이 누구의 소행입니까?

제가 몇 년 전 일본의 농촌 지역을 방문한 적이 있습니다. 옛날에는 그 땅에서 숯을 굽고 살았는데, "풍년이 들면 숯을 팔아 살고 흉년이 들면 딸네미를 팔아 산다네!"란 말이 유행할 정도로 가난한 지방이었습니다. 그래서 선교사 한 분이 미국의 성 안드레 형제회The Brotherhood of St. Andrew와 모금운동을 해서 산꼭대기의 땅을 구입하고 소 기르는 방법도 가르쳐 주어 지금은 많이 나아졌습니다. 위원회도 조직하고 서로 협력해 가며 살기 좋은 마을이 되었습니다. 제가 그 지역의 성공회 교회 회장님 댁을 방문했을 때 그분은 새로 구입한 경운기를 자랑스럽게 보여주었습니다. 그래서 제가 물어보았습니다. "이 경운기가 소만큼 힘이 있습니까?"(그분의 가족이 모두 7명인데 소도 7마리 가지고 있었습니다.) 그분 대답은, "아니요. 소만큼은 힘이 없어요. 그렇지만 일을 안 할 때는 먹지도 않습니다"라는 것이었습니다. 그때는 제가 할 말이 없었는데, 나중에 생각해 보니까 경운기는 새끼 낳을 줄을 몰라요! 쓰다가 못쓰게 되면 같은 돈을 내고 또 사야 합니다. 먼젓번 경운기를 사느라 융자받은 빚을 채 갚기도 전에 또 새 경운기를 사야 하는 것입니다.

　미국에서 실패한 농민들은 대부분 기계화했기 때문에 실패했습니다. 소가 있으면 물론 먹이를 먹여야 하지만 못쓰게 되어도 그 동안 몇 번 새끼를 낳아주었기 때문에 별 문제가 없지요. 또 나가서 밭을 갈지 못하면 고기로 내다 팔 수도 있습니다. 물론 투자하기 위해 소를 사들인 사람들의 경우는 비싸게 팔지 못하면 문제가 많아요. 다만 일하기 위해 소를 사면 문제가 없습니다.

　예수원도 경운기 문제를 해결하지 못했습니다. 자동차 문제도 있습니다. 매달 그 차 때문에 은행에 돈을 내야 합니다. 빚을 지게 되는 것입니다. 그러나 달구지를 끌면 자동차보다 빠르지는 않겠지만 은행에 빚 질 필요가 없습니다. 휘발유 값에 비하며 훨씬 싸게 먹힐 것입니다. 또 건초는 사우디에서 수입해 오지 않고도 땅에서 기를 수 있는 것입니다.

미국의 메노나이트 교파 중 가장 보수적인 사람들이 '아미시Amish'란 마을에 살고 있습니다. 그들에게 기계화는 곧 죄로 취급됩니다. 죄를 짓지 않기 위해 기계화하지 않고 자동차 대신 마차를 끌고, 밭을 갈 때 는 소나 말을 사용합니다. 모든 일을 기계 없이 하는 것이지요. 덕분에 은행에서 돈을 빌려 쓸 필요도 없고 빚이란 것을 모르고 살고 있습니 다. 농장도 넓고 땅도 많아 수확도 잘됩니다. 충분히 잘살고 있습니다. 주일날에는 다 교회에 나오는데 주차장에 가보면 자동차는 한 대도 없 고 모두 마차뿐입니다. 다른 신자들이 "아미시 마을 사람들은 이상한 사람들이야! 너무 지나치게 보수적이다. 옛것을 고집한다"라고 비판도 하지만 그 사람들은 경제적 어려움 없이 잘살고 있습니다. 그들이 현 대화를 주장하는 도시 사람들에게 잘 하는 말은 "우리 중에는 큰 부자 도 없지만 우리 마을에는 '슬럼가'도 없지요"라는 긍지입니다.

현대화를 추진했던 많은 농민들이 하나씩 하나씩 망해 빈털터리 신 세로 도시로 나가게 되지만 일자리를 구하지 못해 결국 슬럼가를 방황 하게 되었습니다. 그들에게 있는 거라곤 농사짓는 기술밖에 없는데 도 시에서 농사 기술이 무슨 소용이 있습니까? 더러는 대학에서 농학을 공부한 사람도 있지만 대개 일반 회사에서 농학을 전공한 대학생들이 할 일은 그다지 많지 않고, 또 일자리 구하기도 어렵습니다.

성경에 농사에 대한 내용이 많지는 않지만 있는 대로 연구해서 하나 님의 법대로 땅을 경작해야 합니다. 상업적인 투자심리로 농사짓기보다는 자급자족하기 위해 충분히 연구하고 실험해서 수익을 올리는 것입니다. 그래서 앞에서 말한 것처럼 신자로서 말세를 대비해 자기뿐 아니라, 이웃도 지키며 공존할 수 있는 기초를 닦아두어야 할 것입니다.

여러 문제에 대한 하나님의 법을 연구

자연 농법

마지막으로 일곱 번째 방법은 성경에 나타난 하나님의 법을 연구하는 일입니다. 오늘날 신자들이 연구해야 할 주제가 어떤 것이 있을까요? 제칠일안식교에서 발행하는 잡지를 읽어보니 주로 영적인 문제만 다루고 있었습니다. 자세히 보지는 않았지만 주로 다루는 내용은 "1987년이 안식년이다", "1987년 가을부터 희년이 시작되며 예수님께서 재림하신다"는 말만 할 뿐 농사를 어떻게 지어야 하는지에 대해서는 전혀 다루지 않았습니다. 집사람이 미국에서 가져온 팜플렛에도 안식년 문제에 대해 언급하고 있었지만 모두 영적인 비유로 해석한 내용뿐이었습니다.

신학자들은 농사짓는 일에 별로 관심이 없기 때문에 성경을 읽어도 모두 비유로 해석해 버리는 경향이 있습니다. 이에 비해 메노나이트교도들은 도시화를 싫어해 시골에서 주로 농사를 짓고 살기 때문에 그곳 출판사에서 나오는 책 중에서 우리에게 유익한 것이 많습니다. 한 번 찾아보면 도움이 될 것입니다. 실제적인 문제에 관해서 성경이 무엇을 말하고 있는가에 대한 연구가 절실하게 요구됩니다. 자연농법이나 유기농법이 성경에 구체적으로 나온 것은 아닐지라도 하나님이 창조하신 대자연을 연구해서 하나님의 법이 무엇인지 살펴보아야 하므로 지나칠 수 없는 분야입니다.

예부터 동양에는 세 가지 주요한 사상이 있습니다. 유교, 불교, 도교 사상이 그것입니다. 미국의 어느 철학자는 이 세 사상을 다음과 같은 비유로 설명했습니다.

강이 있다면 유교는 노를 저어서 애써 강을 거슬러 올라갑니다. 대자연을 이용하고 대자연과 싸우는 방법을 연구하는 것이라고 볼 수 있는데, 현재 대학에 널리 퍼진 사상이 이것입니다. 불교는 배를 타고 가만히 앉아 "강이 없다"라고 하면서 그냥 떠내려 가다가 바위에 부딪쳐 죽습니다. 현실을 무시하는 사상입니다. 도교는 강의 흐름을 타고 배를 조종함으로써 효과적으로 강을 건너갑니다. 대자연과 협력하는 것입니다.

비유가 적당한지 모르겠습니다만 그런 점이 분명히 있습니다. 현재 한국의 기독교는 불교의 영향을 강하게 받아서 현실이나 자연법칙을 무시하는 경향이 많습니다. 이에 반해 우리의 대학에는 자연과 싸워야 한다는 유교 정신으로 가득차 있어 과학적 사고로 자연을 이용하고 투쟁하는 법을 연구하고 있습니다. 대자연과 협력하려는 정신이 별로 없습니다. 우리가 창조주이신 하나님을 경외한다면 대자연을 이용하려는 정신보다는 대자연과 협력하는 법을 연구해야 할 것입니다. 자연농법이나 유기농법이 바로 그런 분야입니다.

일본 쿠슈에 살고 있는 후쿠오카 마사노부福岡政信라는 분을 예수원의 한 형제가 방문한 적이 있는데, 이분이 하도 이상한 방법으로 농사를 짓기 때문에 주위 사람들이 그를 다 미친 사람으로 알고 사귀기를 꺼려했습니다. 그와 함께 어울리다가 같은 취급을 당할까 두려워 따르는 제자가 없었다고 합니다. 그러나 후쿠오카 씨는 자연농법으로 농사를 지으면 시간을 반만 투자해도 이웃과 똑같은 양을 수확하고 충분한 이익을 얻을 수 있다는 사실을 자신의 경험을 통해 입증했습니다. 그렇게 해서 남는 시간에 손님도 접대하고 차를 마시면서 대화도 나누고 시詩도 쓰고 책도 저술합니다. 이 사람은 농부면서도 유익한 책을 저술해 유명하게 되었습니다. 세상에 농부로 유명한 사람은 흔하지 않아요. 자연법을 깊이 연구하고 꾸준히 실행한 덕분에 유익한 영향력을 끼치면서 개인 생활도 충분히 영위하고 있습니다.

성경에 나오는 하나님의 법 가운데 씨앗에 관한 말씀이 있습니다. 예를 들면 지금 우리 마을에는 옥수수를 많이 심는데 해마다 파종할 씨앗을 사서 심어야 합니다. 작년 가을밭에서 아주 노랗고 큰 옥수수가 달린 것을 보았는데 그 옥수수가 다 잡종입니다. 이 마을에서 난 토종 씨앗이 아니고 잡종이기 때문에 씨앗을 받을 수 없고, 또 그 씨앗을 받아 내년에 심더라도 아무것도 안 나옵니다. 작고 형편없는 열매가 열릴 뿐입니다. 그래서 알이 크고 많이 달리는 옥수수를 수확하기 위해 해마다 농협에 가서 종자를 사와야 합니다. 그러나 만약 토종씨앗을 심을 경우 매년 제일 좋은 종자를 받아 품종을 개량할 수 있을 뿐 아니라, 또 씨앗을 사올 필요도 없게 됩니다. 잡종에 비해서 수확이 조금 적게 나오기는 하지만 돈 주고 살 필요가 없으니 내 자유를 유지할 수 있게 됩니다.

성경에는 잡종을 쓰지 않고, 종자가 다른 곡식을 한 밭에 섞어 뿌리지 말라고 했습니다레 19:19 참조. 미국에서 팝콘과 보통 옥수수, 사료용 옥수수, 식용 옥수수를 같은 밭에 심을 경우 꽃가루가 서로 섞여서 이상한 종자가 나온다고 합니다. 그래서 종자 별로 따로 심도록 합니다. 몇 년 전까지는 아프리카 사람들이 옥수수를 많이 재배했는데 그 종자가 아프리카 토종이 아니었습니다. 호주나 아시아, 유럽에도 재래종 옥수수가 없습니다. 원래 옥수수는 미국에서 건너온 것입니다. 콜럼버스가 아메리카를 발견한 이래 옥수수와 담배가 전 세계로 퍼졌으며 미국 학자들이 우수한 잡종 옥수수를 개발하여 아프리카에도 이식했습니다. 첫해와 둘째 해에는 잡종을 심어도 잘되었지만 셋째 해에는 가뭄으로 완전히 망했습니다. 재래종 씨앗을 심었다면 웬만한 가뭄에도 견딜 수 있었겠지만 저항력이 약한 잡종은 잘 적응하지 못한 것입니다. 결과적으로 외국에서 보내오는 구호품에 의존할 수밖에 없었습니다. 성경이 잡종을 금하는 이유입니다.

대개 성경에 나오는 법은 조금만 깊이 연구해 보면 그 실제적인 이유를 발견할 수 있습니다. 연구하면 할수록 성경이 실제적인 뜻과 영적인 뜻을 함께 내포하고 있음을 깨닫게 됩니다. 그러나 성경학자들은 대부분 실제적인 문제에는 관심이 없어서 그런 방향으로 깊이 연구하지도 않고, 또 제대로 이해하지도 못합니다. 반면 실제주의자들은 성경이 영적인 책이라 생각해서 읽지 않기 때문에 성경의 법을 전혀 모릅니다. 성경이 영적일 뿐 아니라 실제적이라는 사실을 알고 깊이 연구했더라면 오래전부터 실행으로 옮길 수도 있었을텐데 하나님께서 주신 지식을 버리고 조금씩 조금씩 인본주의 방향으로 나갔기 때문에 문제가 더욱 어렵게 되었습니다.

가난의 문제

신자로서 우리는 가난한 이웃에 대해 책임을 져야 합니다. 그냥 이웃에게 자선을 베풀고 거지 생활하지 말라고 말로 권하는 것이 아닙니다. 신자들이 있는 대로 힘을 모아 코이노니아를 실행해 문제를 해결해야 한다는 것입니다. '자발적 희년'이 무엇입니까? 코이노니아를 실행하는 것입니다. 코이노니아란 무엇입니까? 그것은 영적인 힘, 육체적인 힘, 경제적인 힘을 모아 서로 협력해 주님께 영광을 돌리며, 무엇보다 가난한 이들의 문제를 해결하기 위한 것입니다. 가난한 사람들에게 기쁜 소식을 전하고, 마음이 상한 사람과 갇힌 사람이나 눈먼 사람, 혹 짓눌린 사람의 문제를 해결해야 하는 것입니다. 사실 눈먼 사람을 병원에서 많이 도와주기는 하지만 그것으로 충분한 것은 아니지요. '문맹자'도 눈먼 사람에 포함되는 것이 아닐까요? 글자를 모르면 하나님의 말씀을 읽지도 못하고 배울 수도 없으니 말입니다. 다행히 한국은 문맹자가 별로 없습니다만 방글라데시에 가보면 80퍼센트가 문맹자입니다. 주로 이슬람의 영향 때문입니다. 이슬람 국가는 문맹자가 너무 많아 발전을 못하고 있습니다. 또 재미있는 사실은 이슬람교가 시작할 때 "토지는 하나님의 것이다!"라고 크게 외쳤는데 지금은 오히려 지주제가 너무나 복잡해져 버렸습니다. 세계에서 제일 가난한 나라들이 대부분 이슬람 국가들입니다. 원래 이슬람교는 기독교에 반발해서 생긴 종교입니다. 토지문제가 근본 원인이 되어서 생겨났지만 그들도 하나님의 법대로 실행하지 않았기 때문에 결국 실패했습니다.

그 다음에 가난한 나라는 공산국가인데 그들도 유사한 문제를 안고 있습니다. 교회의 말과 행동이 너무나 다른 데 실망한 나머지 하나님이 필요 없다고 선언하고 토지를 국가 소유로 해보았지만 그들도 역시 실패해서 가난을 면치 못하고 있습니다. 그러나 이 책임은 우리 신자들에게 있습니다. 불의와 빈곤에 대해 교회가 외면하면 계속 반발이 생깁니다. 우리들은 온 힘을 다해 하나님 나라와 의를 이루기 위해, 가난한 이웃에 대한 책임을 져야 합니다.

문제 해결은 기도와 함께 간다

다음은 영적인 문제에 대해 살펴봅시다. "우리의 싸움은 인간을 적대자로 상대하는 것이 아니라, 통치자들과 권세자들과 이 어두운 세계의 지배자들과 하늘에 있는 악한 영들을 상대로 하는 것입니다"엡 6:12. 우리 눈에 보이는 악한 정부와 권세 뒤에는 보이지 않는 악한 영의 세력이 있습니다. 우리가 싸워야 할 대상은 바로 그것입니다. 총이나 대포로 악한 영과 싸울 수 있습니까? 오직 기도의 능력으로만 싸워 이길 수 있습니다. 신자들이 기도하지 않으면 아무리 애를 써봐도 실패하게 됩니다.

사도행전에 '코이노니아'란 구절이 나올 때마다 항상 기도하기를 힘썼다는 말이 나옵니다. 그러나 기도만 해야 한다는 것은 아닙니다. 기도와 행동을 항상 병행해야 합니다. 행동만 해도 실패합니다. 기도와 행동을 같이 행하기만 하면 능히 모든 어려운 문제를 해결할 수 있습니다. 그러나 '성령 안'에서 기도하는 것이 필요합니다. "온갖 기도와 간구로 언제나 성령 안에서 기도하십시오"엡 6:18a. '성령 안에서' 기도하는 것은 방언기도를 의미합니다. 우리가 바르게 기도하지 못하니까 성령께서 우리 대신 말할 수 없는 탄식으로 기도하신다고 로마서 8장

26절에 말씀하고 있지 않습니까? 사회 문제와 성령운동은 무관한 것이 아닙니다. 사회 문제를 해결하기 위해서는 기도해야 하고, 계속 기도하기 위해서는 방언기도가 필요합니다. 마귀와 싸우기 위해서도 방언기도가 중요합니다. 또 '언제나' 기도하라는 것은 밤낮을 가리지 않고 계속해서 지속적으로 늘 기도에 힘쓸 것을 강조하는 것입니다. "이것을 위하여 늘 깨어서 끝까지 참으면서 모든 성도를 위하여 간구하십시오"엡 6:18b.

사실 우리 예수원에서는 힘이 부족하기 때문에 철야기도회를 별로 하지 못합니다. 일주일에 한 번 늦게까지 예배를 진행할 뿐입니다. 그런데 서울에 가면 금요일마다 철야기도를 하는 교회가 많습니다. 그것은 좋은 현상입니다. 그러나 기도회에 참석해 보면 기도라기보다는 설교입니다. 기도와 설교는 성격이 아주 달라요. 원래 설교는 사람에게 하는 것이고, 기도는 하나님께 하는 것입니다. 흔히 '기도회'라는 말을 사용하지만 그 시간에 주로 설교를 듣게 됩니다. 새벽기도 시간에 주로 40분간 설교를 듣고 막상 기도할 시간에는 불 끄고 대부분 나가버립니다. 한국 교회는 기도하는 교회로 유명하지만 사실은 주로 설교를 듣는 것입니다. 기도하는 시간은 그렇다 하더라도 밤을 새워 기도하는 내용은 어떤 것입니까? 우리나라의 경제 문제를 위해 기도합니까? 아프리카의 기아와 빈곤의 해결을 위해 기도합니까?

아프리카의 심각한 문제 중의 하나는 물이 부족한 것입니다. 아프리카의 물 수급량은 현재 20퍼센트에 불과해 옷도 제대로 빨지 못하고 몸도 씻지 못해 전염병이 계속 퍼지고 있습니다. 또 아이들이 물긷는 일을 도와야 하기 때문에 학교도 못 가고 있습니다. 문맹자가 많은 이유 중 하나가 이 심각한 물 문제 때문인데, 여자들은 물을 긷기 위해 하루에 4시간 정도의 시간을 소비합니다. 물 사정만 좋아진다면 청결한 생활도 할 수 있고 건강도 좋아지고 여러 가지 다른 일도 할 수 있겠지만 물이 부족해서 아무것도 못합니다.

그런데 지금 태백시는 물을 너무 많이 소비해서 물 사정이 아주 나쁩니다. 하장댐도 태백 주위의 도시를 위한 것입니다. 물을 많이 낭비하는 것은 바로 화장실 때문입니다. 태백시에서 사용하는 물의 거의 절반은 화장실에서 쓰는 것입니다. 구식 변소라면 한두 바가지로 깨끗이 씻겨 내려갈 것을 수세식은 훨씬 더 많은 양의 물을 하수도로 흘려버립니다. 한국에 수자원이 아주 풍부하지만 이렇게 낭비하면 하나님께서 화를 내실 것입니다. 지금 사용하고 있는 수세식 변기는 보기에는 그럴 듯하고 편리해 보이지만 물 소비량에서 많은 문제를 안고 있습니다. 그러므로 많은 물을 낭비하는 변기를 개조해야 합니다. 우리 예수원은 애당초 바가지로 씻도록 만들었습니다. 만약 시장님이 이곳을 방문하신다면 무엇보다도 먼저 화장실을 보여드리겠습니다. "우리는 문화인이기 때문에 그렇게 못해요"라고 하실 분이 있을지 모르겠지만 문화인이기 때문에 하나님이 주신 자원을 쓸데없이 낭비해도 좋은 이유는 없지 않을까요?

우리가 기도하지 않으면 이런 실제 문제를 해결하지 못하고 실패할 수밖에 없습니다. 우리의 씨름은 정부나 정치인들을 상대하는 것이 아닙니다. 우리가 싸워야 할 궁극적인 대상은 마귀의 세력입니다. 혹시 성도들이 지속적으로 열심히 기도하면 국회에서 세금법을 고칠는지 모르겠습니다. 한국의 그리스도인들이 합심해서 기도한 결과 국회가 하나님의 법대로 토지세 정책을 바꾼다면 이 나라의 사회 문제가 해결되리라 믿습니다. 그러나 그렇게 되도록 기도하는 신자가 과연 몇 명이나 있습니까? 하나님의 법, 성경의 법대로 세금을 받자고 주장하는 사람도 없고 그렇게 되도록 기도하는 사람도 없습니다. 지금 서울에 헨리조지협회가 있어서 한 달에 한 번 모여 대화를 나누고 있지만 여러모로 부족한 점이 많습니다. 사회 문제의 실체가 무엇인지, 그리고 이 문제에 대한 하나님의 요구와 뜻이 무엇인지 교회에 널리 알리고 함께 열심히 기도해야 합니다.

인구 문제

다음으로 다루어야 할 문제는 인구 문제입니다. 인구폭발, 인구과잉 등 인구 문제가 심각하다는 말을 흔히 듣게 되는데, 사실 이것은 거짓말입니다. 하나님이 주신 이 땅을 올바르게 분배해서 사용한다면 인구 문제는 전혀 생길 수 없습니다. 문제는 토지 소유 집중으로 인구밀집 현상이 일어나는 것이지 인구 증가 자체는 문제가 되지 않습니다. 다시 한 번 말씀드리지만 현재 세계인구 전체를 미국 대륙으로 옮긴다고 가정해도 남한 인구밀도의 4분의 1밖에 안 됩니다. 세계인구가 지금보다 4배 증가한다고 해도 미국 한 나라에서 다 수용할 수 있다는 말입니다. 하나님이 창조하신 이 지구는 풍요롭고 넉넉한 땅을 보유하고 있습니다. 문제는 인간의 탐욕이 빚어내는 불의와 착취에 있는 것이지 인구 문제가 아니라는 사실을 잊지 맙시다. 하나님의 법대로 살기만 하면 다 함께 충분히 살아갈 수 있습니다.

매스미디어와 우상숭배

그 다음 문제는 '매스미디어'입니다. 신문, 잡지, TV, 라디오를 '미디어'라고 하는데 그것들이 존재하는 목적이 무엇입니까? 진리를 전하기 위한 것입니까? 신문이 왜 그렇게 값이 싼지 아십니까? 신문 한 부를 만드는 데 천 원 이상 듭니다. 그런데 왜 300원만 주면 살 수 있을까요? 광고료를 받기 때문에 싸게 팔 수 있는 것입니다. 그렇다면 광고의 목적이 무엇입니까? 욕심을 일으키게 하는 것입니다. 필요한 것이든 그렇지 않든 상관없이 구매욕을 충동시키기 위해 엄청난 자금을 들여서라도 광고를 합니다. 성경은 "탐욕은 우상숭배" 골 3:5b라고 하는데 미디어는 바로 탐욕을 일으키기 위해 존재합니다.

많은 개신교인들이 예수상이 실린 십자가나 성모 마리아 상을 거부하고 제사 드리는 것을 우상숭배라고 주장하면서도, 하루에 4~5시간씩 TV를 보는 것은 아무렇지 않게 생각하고 있습니다. 그것이 바로 우상숭배란 생각을 전혀 못하는 것입니다. 그 시간에 하나님의 말씀을 연구하면 얼마나 좋겠습니까? 하나님의 말씀은 TV에 비해 재미가 없습니다. 세계 역사상 우상숭배하는 것치고 재미없는 것이 어디 있습니까? 우리가 그것을 알아야 합니다.

정말 진리를 알고 싶다면 함께 모여 성경을 연구하고 실제 생활을 통해 하나님의 뜻이 무엇인지 확인해야 합니다. 관심 있는 사람들이 모여 여러 문제에 대한 성경의 법을 연구하고 기도하며 실행 방법을 모색해야 하는 것입니다. 누가 우리를 모든 진리 가운데로 인도해 주겠습니까? 교사입니까? 대학입니까? 신학교입니까? "그러나 그분 곧 진리의 영이 오시면, 그가 너희를 모든 진리 가운데로 인도하실 것이다"요 16:13a라고 주님께서 약속하셨습니다. 보혜사 성령의 인도하심을 받아 하나님의 법을 함께 연구하고, 기도의 능력으로 실행에 옮기도록 합시다. 그렇게 할 때 정부의 도움이나 정치적인 배려가 없더라도 가난한 이웃의 문제를 신자들이 협력함으로써 다 해결할 수 있고 우리의 개인 문제뿐 아니라 세상의 어떤 문제도 다 해결할 수 있을 것입니다.

3부

그리스도인은 사회문제를
어떻게 다룰 수 있을까

이 글을 쓰는 데 나에게 큰 도움을 준 스완슨Swanson 씨 부부에게 특별히 고마움을 전한다. 그분들은 내가 성 프란시스의 그림 두 점과 여덟 개의 조상影像이 있는 방에서 이 글을 쓸 수 있도록 편의를 제공했으며 식사와 함께 나를 위해 기도해 주는 것도 잊지 않았다. 또 자신의 컴퓨터를 쓰도록 허락해 준 스완슨 씨의 딸 제니Jenni도 매우 고맙다. 내가 그들과 지내는 동안 스완슨 씨 가족은 여러 모로 그리스도 안에서 누리는 참된 코이노니아가 무엇인지 보여주었다.

10장

가난을 대하는
성경의 자세
'아시시의 가난한 자'였던 성 프란시스에게 바침

경제 문제에 대한 성경의 관심

성경에는 경제 문제를 다루는 구절이 모두 986번 나오는데 그 중에 약 500번 정도는 직접적으로 가난에 대해 다루고 있다. 구약은 가난을 방지하거나 시정하는 방법들을 객관적이면서 단순하게 보여주기도 하지만 대부분의 구절들은 이런 기본 제도를 지키지 않은 경우에 대한 언급이다. 따라서 감정과 분노가 가득찬 어투로 기록되어 있다.

신약도 구약과 같은 태도를 취하고 있다. 구약과 관련해 신약에서 볼 수 있는 핵심 단어는 '이루다혹은 완성하다, fulfull'라는 말이다. 신약에서는 구약이 폐기되거나 대체되는 것이 아니라 오로지 완성되는 것이라는 사실을 주의 깊게 강조한다. 그러므로 예수께서 구약을 완성하셨으므로 구약의 어떤 것도 행할 책임이 없다고 가르치는 것은 비성경적이라는 사실을 명심해야 한다. 종종 책임을 회피하려는 자들이 이러한 변명을 해왔지만 신약을 구약과 별개로는 이해할 수 없다. 신약은 구약을 성취하기 위해 심령이 변화되는 것이 필수적이며 성령의 능력으로 그것이 가능하다는 것을 추가하고 있다. 구약에서도 종종 영적인 문제를 언급하고 있지만 예수 그리스도를 통해 성령이 오시기 전까지 그 영적인 문제에 대한 근본적인 해결책은 없었다.

신약은 성령의 내적인 역사구약 시대에는 기적이나 예언과 같은 외적인 성령의 역사가 주된 것이었음에 의해 구약을 보충하는 것 외에 구약에서 암시만 되어있던 가난의 문제에 관한 해결책을 하나 더 제시한다. 그것은 바로 성령의 교제이다. 구약시대에는 가족이 가난의 문제를 다룰 수 있는 중요한 경제 단위였다. 과부나 고아의 경우에는 가족이 부재한 경우다. 구약에 경제적인 문제를 다룬 부분에서 이들에 대한 언급들이 상당히 많다. 이 문제에 대해 신약은 새로운 가족, 즉 모든 믿는 자들로 구성된 가족을 이루어 해결하고자 한다. 이것을 전문 용어로 '코이노니아'라고 하는데, 가난의 문제를 다루는 대리기관으로서 일반적인 개념의 가족을 대신한다.

구약시대에도 가난한 이들에게 구제를 베푸는 사람들이 많았다. 그러나 대부분 아주 생색을 내면서 했기 때문에 가난한 사람들은 열등감을 느끼는 경우가 많았다. 그러나 신약의 코이노니아는 이런 생색내는 태도를 완전히 제거한다. 성령의 교제 속에서 맺어진 새로운 '가족'의 구성원들은 누구나 그리스도의 몸의 일부이므로 다른 구성원들과 똑같은 존엄성을 가지고 있다. 물론 우선 순위가 있을 수 있으나고전 12:28 그것은 세상적인 의미에서의 우월성을 말하는 것은 아니다. 어느 누구도 비굴한 마음을 가지도록 대해서는 안 되며 모두가 다 똑같이 사랑과 존경과 존엄성을 가진 존재로 대우해야 한다.

가난을 가리키는 성경 용어들

가난에 관해 이야기할 때 사용된 단어는 구약에 여덟 가지, 신약에 세 가지가 있다. 이것들 중 어느 것도 전문적인 용어는 아니며, 종종 둘 혹은 심지어 세 단어가 강조의 목적으로 동시에 사용되었다. 특히 구약에서 가난의 문제를 다루고 있는 구절들은 대부분 감정이 매우 고조되어 있는데 단어들이 중복해 사용되었다는 것은 이러한 감정의 표시이다. 같은 뜻을 가진 단어가 함께 사용될 때에는 번역자들이 동의어를 찾아내야 한다. 예를 들어 '가난하고 궁핍한poor and needy'이라는 표현이 종종 나오는데 이것은 사실 두 단어 모두 '가난한'이라는 말 하나로 번역될 수 있는 경우이다.

심지어 약간 전문적인 의미로 사용되는 단어들도 다른 구절에서는 시적이거나 극적인, 혹은 비전문적인 의미로 자꾸 반복해서 사용될 수 있다. 다음은 그런 단어들을 열거한 것인데 약간의 의견을 덧붙였다.

- EBYON 히브리어로서 모세 율법에서 '가난한'이란 의미로 7번 사용되었으며 다른 본문에 50번이나 나온다. 대부분 '가난한'으로 번역되었고 종종 ANI(아래 참조)와 연합으로 사용될 때에는 특별히 '궁핍한'이란 말로 번역되었다. 원래의 기본 의미는 '무엇인가 필요로 하는wanting,' '결핍된lacking' 혹은 '모자라는deficient'이다.

- **DAL** 예를 들면 '머리털'처럼 무엇인가에 '매달려 있는 어떤 것'을 말하며 연약함을 강조한다. 레위기의 법령에 가난한 사람들에 대한 책임을 언급하면서 3번 사용되었다. 여기서 가난한 사람들은 희생 제물을 드리는 것이 면제되지 않았지만 다른 확실한 예외 규정들이 세워져 있었다. 레위기에서 3번 사용된 것 외에 이 단어는 일반적인 의미로 45번 사용되었는데 '야윈lean,' '더 약한weaker' 및 '궁핍한needy' 등의 의미로 사용되었다.

- **ANI, ANAU, ANAW** 이 세 단어는 밀접하게 관련되어 있고 서로 바꾸어 쓸 수도 있다. 정신 혹은 환경 때문에 낮아지거나 압박받는 것을 의미한다. 정의 및 자비와 관련한 법령에서 7번 사용되었다. 이렇게 전문적으로 사용된 것 외에도 이 용어들은 68번 더 사용되었다(KJV에서는 '비천한humble'이라는 의미로 15번, '낮은lowly'이라는 의미로 8번, 그 밖에는 '가난한poor'이란 의미로 사용되었다).

- **ROOSH** 궁핍을 나타내는 원시어a primitive root로 영어에서는 '부족한lack'으로 1번, '궁핍한needy'으로 1번, '가난한poor'으로 19번 번역되었다.

- **CHELEKHA** '어두운,' '불행한'이란 의미이며 '가난한'으로 2번 나온다.

- **MACHSOR** 근본 의미는 '궁핍' 혹은 '곤궁'이다. 13번 나오며 '부족,' '필요,' '빈궁,' '가난' 또는 '결핍'으로 번역되었다.

- **MISKEN** '가난한'으로 4번 사용되었다.

- **PTOCHOS** 거지가 굽실거린다고 말할 때 '굽실거림'을 뜻하는 헬라어로서 '가난한'으로 30번, '가난한 사람'으로 1번, '거지'로 2번,

'거지 같은비천한'으로 1번 사용되었다.

- **PENES** '하루하루 연명하는 데 어려움을 겪는'이란 의미를 가지며 단 한 번 '가난한'으로 번역되었다.

- **PENICHROS** '가난한'으로 1번 사용되었다.

- **HYSTEREMA**(명사형), **HYSTEREO**(동사형) '부족'으로 4번, '빈궁'으로 1번, '결핍'으로 5번, '결핍되어 있다'로 1번, '뒤쳐지다'로 2번, '궁핍하다'로 1번, '생활에 어려움을 겪다'라는 의미로 1번 사용되었다(그외 다른 경우에는 가난과 직접적으로 관련되어 있지 않다).

- **TAPEINOO** '낮은,' '비천한' 등의 의미를 가진 단어로서 경제적인 의미로 사용된 경우가 1번빌 4:12 있고 그 외에는 가난한 사람들의 사회적 지위, 혹은 사회에서 멸시받는 요소들을 가리키는 데 사용되었으며 그리스도인이 지녀야 할 바람직한 영적인 태도, 즉 가난한 사람들과 동일시할 수 있는 겸손함을 나타내는 말로 사용되었다.

가난을 막기 위한 실천적 방법들

십계명 중에는 경제와 관련한 계명이 세 가지 있다. "도둑질하지 못한다", "너희 이웃의 집을 탐내지 못한다", "안식일을 기억하여 그 날을 거룩하게 지켜라"가 그것이다.

도둑질하는 것은 그 대상자를 가난하게 만드는 것이므로 명백한 예가 된다. 성경은 이 개념을 가난한 사람들을 구제할 수 있을 때 구제하지 않을 경우까지 확대 적용한다. 요한일서 3장 17절과 23절에 아주 강하게 부각되어 있다. "누구든지 세상 재물을 가지고 있으면서, 자기 형제자매의 궁핍함을 보고도, 마음 문을 닫고 도와주지 않으면, 어떻게 하나님의 사랑이 그 사람 속에 머물겠습니까? 하나님의 계명은 이것이니, 곧 그 아들 예수 그리스도의 이름을 믿고, 그리스도께서 우리에게 명하신 대로 서로 사랑하라는 것입니다." 이것은 성경 전체, 특히 신약을 대표하는 가르침이다. 서로 실제적인 필요들을 채워주는 일에서 사랑을 실천하기를 거부하는 것은 하나님의 계명을 거역하는 것이다.

"너희 이웃의 집을 탐내지 못한다"는 계명은 다른 사람의 물건을 훔치고자 하는 마음에 대해 경고하는 것이므로 더 강한 어조를 띠고 있다. 도둑질은 탐욕의 결과이다. 십계명은 대부분 설명 없이 아주 짧고 간결하다. 그런데 유독 우상에 관한 계명과 탐욕에 관한 계명은 자세히 설명되어 있다. 신약에서는 탐욕이 우상숭배와 같은 것이라고 본다엡 5:5; 골 3:5. 자기는 전혀 우상을 숭배하지 않는다고 자랑하거나 심지어 이방신을 섬기는 친척들로 인해 박해를 받고 있다고 말하는 그리스도인들을 향해 성경은 탐욕이 우상숭배와 다를 바 없다고 경고한다. 제9계명의 전문은 다음과 같다.

"너희 이웃의 집을 탐내지 못한다. 너희 이웃의 아내나 남종이나 여종이나 소나 나귀나 할 것 없이, 너희 이웃의 소유는 어떤 것도 탐내지 못한다."

앞으로도 다루겠지만 이웃의 땅을 탐하는 것이나 이웃의 땅을 불법으로 빼앗는 것은 가난을 초래하는 가장 근본적인 원인 중 하나이다.

안식일을 거룩하게 지키는 것 역시 경제와 관련된 계명이다. 가난하든 그렇지 않든 누구라도 안식일을 돈 버는 목적으로 사용해서는 안된다. 이 점에서는 가난한 사람들도 예외일 수 없다. 안식일에 대한 법은 모세의 법전에서 안식년까지 확대해 세밀하게 적용된다. 이것은 경제적인 문제들, 특히 가난의 문제를 분명히 내포하고 있다.

모세의 법전 중 나머지 부분은 가난을 방지하는 것과 가난이 문제가 될 때 이를 다루는 법을 포함하고 있다. 이 법들 중 첫 번째가 이利를 취하는 것을 금하는 것이다. 자본주의의 발달과 더불어 교회는 '이자'와 '고리대금'을 구분했지만 이자가 성경적인 것은 아니다. 성경에는 이와 관련한 구절들이 13번 나오는데 모두 다 이자를 취하는 것을 금하고 있다.

물론 이웃에게 돈이나 물건을 대부貸付하고 그것에 대해 담보를 취하는 것이 허용되어 있지만 여기서도 가난한 사람들을 위해 만들어진 예외가 있다. 가난한 사람의 담보물을 밤이 지나도록 가지고 있는 것은 금지되어 있었다. 이것은 어떤 사람이 너무 가난해서 그가 가진 담보물이 그가 입은 옷 하나뿐일 때 밤에 몸을 따뜻하게 해줄 옷이 필요할 것이라는 사실을 배려한 것이다출 22:26. 담보물에 대한 법들이 신명기 24장에도 나오며 이와 관련한 실제 예가 욥기 22장 6절, 24장 3절과 아모스 2장 8절, 그리고 에스겔 18장 12절과 33장 15절에 기록되어 있다.

대부와 담보물을 다루는 법은 안식년에 관한 법을 포함한다. 안식년에는 모든 부채가 다 탕감된다. 그뿐 아니다. 가난한 사람들이 안식년이 되어 모든 빚을 탕감받을 때에 채권자는 그를 빈손으로 돌려보내지 말고 그에게 필요한 것을 후히 주어 보내라는 것이 하나님의 명령이다 (신 15:13). 이것은 노예로 팔린 동족의 경우에도 적용된다. 노예는 안식년이 되면 자동적으로 자유의 몸이 되고 그의 주인은 그가 자기 소유의 땅에서 다시 자리를 잡을 때까지 계속 공급해 주어야 한다. 이런 법들에 관해 공부할 때 우리는 먼저 이스라엘 사람들이 영원히 다른 사람에게 팔 수 없는 자기 소유의 땅을 가지고 있었다는 점을 명심해야 한다.

대부와 이자 및 담보물에 관한 법보다 훨씬 더 중요한 의미를 가지는 것은 공간space에 관한 법이다. 성경은 정의의 가장 근본되는 것이 각 사람과 가정이 살고 일할 수 있는 공간을 제공하는 것이라고 한다. 성경에서 '땅land'이라는 단어(약 2,500번 나옴)는 그것이 국가를 위한 것이든, 종족을 위한 것이든, 혹은 가정이나 개인을 위한 것이든 관계없이 우선적으로 생활하는 공간을 가리킨다. 성경은 '공간'에 관한 법령을 아주 많이 포함하고 있는데 이것이 미국의 경제학자 헨리 조지와 그의 제자들이 주장하던 사상의 주제였다. 조지주의자Georgist들이 발간하는 출판물 중 잘 알려진 것으로《토지와 자유Land and Liberty》라는 정기 간행물이 있다. 거기서 그들은 땅과 분리된 자유는 있을 수 없다고 주장한다.

가난을 막기 위한 성경의 기초 조항은 모든 사람에게 각자의 생활공간이나 땅이 보장되어야 한다는 것이다. 그러나 이 땅은 개인의 일상 용품처럼 사고 팔 수 있는 것이 아니다. 그것은 '기업基業'이다. 이에 대한 기본법이 레위기 25장에 나오는데 원리는 "땅을 아주 팔지는 못한다. 땅은 나(하나님)의 것이다"라는 것이다. 각 종족이나 가족, 개인은 하나님의 통치 하에 자손들을 위해 위탁받은 땅을 보관하고 있을 뿐이다. 이것이 성경의 밑바탕에 흐르는 경제 개념이다. 그래서 이러한 개념을 손상시키거나 폐지한 왕들은 열국의 역사 중에서 가장 나쁜 왕들이라고 불렸다_{아합왕과 므낫세왕이 이에 속한다}. 자세한 내용은 레위기 25~27장에 기록되어 있다.

이 기본 원리로부터 상속의 원리가 나왔는데 구약에는 '상속'에 관해 언급된 곳이 286군데 있다. 상속법이 지켜질 때는 가난이 큰 문젯거리가 되지 않았다. 가족의 생계를 꾸리는 사람이 사망하거나 사고를 당했을 경우에도 일시적으로 가족이 가난하게 될 수 있지만 유산이 다시 회복됨으로써 그 상태가 영구화되거나 심화되는 것을 방지할 수 있었던 것이다.

창세기 26장 22절("이삭이 거기에서 옮겨서, 또 다른 우물을 팠는데, 그때에는 아무도 시비를 걸지 않았다. 그래서 그는 '이제 주님께서 우리가 살 곳을 넓히셨으니, 여기에서 우리가 번성하게 되었다' 하면서, 그 우물 이름을 르호봇이라고 하였다.")에 '살 곳_{KJV에서는 room을 사용함}'이라는 단어를 사용함으로써 땅과 공간의 개념이 반영되었다. 이것은 또 다른 중요한 점을 시사한다. 즉 물이 없는 땅은 가치가 거의 없다는 것이다. 하나님께서는 이스라엘 사람들에게 샘물과 강물이 있는 땅을 주시겠다고 약속했다. 그래서 물 문제는 이스라엘에게 중요한 문제가 아니었으나 이웃나라인 아라비아, 시나이 반도, 요르단 등에서는 매우 중요한 문제였다. 시편 31편 8절에는 "내 발을 평탄한 곳_{room, NASB에서는 place} 에 세워주셨습니다"라고 기록되어 있다. 오늘날에는 '공간_{영역, space}'으로 말할 수 있다.

공간_{space}과 가난의 관계를 다루는 가장 극적인 구절은 이사야 5장 8절인데 거기서 선지자 이사야는 "너희가, 더 차지할 곳이 없을 때까지, 집에 집을 더하고, 밭에 밭을 늘려나가, 땅 한가운데서 홀로 살려고 하였으니, 너희에게 재앙이 닥친다!"라고 말한다. 여기서 선지자가 사용한 '곳'이라는 단어는 '설 땅'을 의미한다. 그는 하나님께서 백성들의 생활 터전으로 지정한 영역을 지주들이 모두 사들였기 때문에 서 있을 만한 곳조차 남아있지 않다고 말한다.

'땅'을 의미하는 히브리어 중 하나는 'sadeh'인데 이것은 특별히 경작이나 경제적인 활동을 위해 사용된 지역을 가리킨다. 모세의 법대로 자신의 땅을 되찾을 권리를 주장한 과부들의 이야기가 룻기 4장 3절 이하와 열왕기하 8장 3절 이하에 기록되어 있다. 이렇게 재산의 저당에 의해 야기된 고통이 느헤미야 5장 3~12절에 나타나 있고 느헤미야가 땅을 사는 것을 거부했다는 사실이 16절에 강조되어 있다.

신약에도 이런 개념을 표현하는 단어들이 많이 나온다. 비록 대부분이 하나님을 위해 심지어 유산으로 물려받은 땅을 포기하는 희생의 차원에서 사용되긴 했지만 말이다마 19:29; 막 10:29ff; 행 4:34, 37; 5:1, 3, 8; 28:7 참조. 이들 단어들은 헬라어로 agros 전토, chorion 작은 밭, choron 밭, ktema 토지 등이다. 예수님을 따르지 않기로 결정했던 부자 관원은 '많은 재물'의 문제가 있었다. 야고보는 '밭choron'이라는 단어를 곡식을 벤 일꾼에게 품삯을 주지 아니한 주인에 관해 말할 때 사용하였다약 5:4. '전토agros'라는 단어는 마태복음 13장 44절과 27장 7절 이하와 누가복음 14장 18절을 제외하면 주로 농업과 관련해 사용되었다.

성경은 현실적이다. 비록 희년에 관한 법이나 가난한 사람들이 착취당하는 것을 금지한 법들이 성실하게 지켜진다 하더라도 여전히 예기치 못한 재난에 의해 가난해질 수 있다는 것을 잘 알고 있다. 모세의 율법은 이런 경우에도 가난한 사람들을 보호하는 내용을 담고 있다. 재판에서의 공정성출 23:6과 추수하는 이들을 뒤따라가며 이삭을 주울 권리레 19:10; 23:22, 안식년에 저절로 자란 농작물을 무엇이든지 거둬들일 수 있는 특권출 23:11 등 그 외 몇 가지 다른 규정들이 그것이다.

때때로 경제 문제에 대한 해결책을 절망적이거나 불필요한 것으로 보는 견해를 정당화하기 위해 "당신들이 사는 땅에서 가난한 사람이 없어지지는 않겠지만"신 15:11이라는 말씀과 "가난한 사람들은 늘 너희와 함께 있지만"마 26:11이라는 말씀을 인용한다. 그러나 사실 신명기의 언급은 사고나 뜻밖의 재난이나 다른 어떤 이유에서 가난한 사람들이 늘 공동체 안에 존재할 것이고 가난한 사람들의 상황을 개선하기 위해 이런 법들을 적용하는 것은 공동체의 책임이라는 사실을 상기시키는 것이다. 마태복음의 구절은 마리아가 비싼 향유로 예수님의 발을 씻긴 일에 관해 유다가 위선적인 말을 했다고 예수님께 비판을 받은 기록이다. 여기서 예수님은 가난한 사람들에게 주는 것보다 더 중요한 일이 있을 수 있다는 말씀을 하신 것이다(아마 단 한 번). 사실 복음서 기자도 지적한 바와 같이 유다는 가난한 사람들을 돕고자 하는 의도가 없었고 예수님께서는 이로 인해 조소거리가 되지 않으신 것이다.

어떤 이유에서든 가난한 사람들이 있을 것이라는 사실을 고려한 모세의 율법은, 희년법으로 생활의 터전을 보호하고 안식년을 준수해 농지를 윤택하게 함으로써, 가난을 방지할 뿐 아니라 가난한 자들의 권리를 보호하기 위한 특별 규정들을 포함하고 있다.

희생 제사와 관련해 가난한 사람들에 대한 언급이 레위기 14장 21절에 기록되어 있다. "그러나 가난해서 그렇게 많은 것을 바칠 수 없는 사람이, 자기의 죄를 속하려 할 때에는, 그는, 제사장이 흔들어 바칠 속건 제물로는 숫양 한 마리를 가져오고, 곡식제물로 바칠 기름으로 반죽한

고운 밀가루는 십분의 일 에바만 가져오면 된다. 기름은 마찬가지로 한 록이다." 출애굽기 30장 15절에는 회막의 봉사에 쓰도록 반 세겔의 돈을 내도록 했는데 이것에 대해서는 가난한 사람들도 면제되지 않았다.

모세의 율법에서 가난한 사람들을 언급한 또 다른 예는 고용된 품꾼에게 해가 지기 전(성경의 하루는 해가 질 때 끝난다)에 품삯을 주라는 것이다. 이것은 타국인으로 고용된 자와 시민들에게도 적용되었다신 24:14이하.

착취의 문제

모세의 법령을 읽어보면 심지어 가장 기본적인 법도 완전히 객관적이거나 '냉혈적'이지 않고 여러모로 가난한 사람들의 어려운 처지에 관한 설명이 포함되어 있다. 가난한 사람들에 대한 따뜻한 마음이 기본적으로 법령 속에 흐른다. 그러나 가난한 사람들을 착취하는 문제가 발생할 경우에는 그 자리에서 맹렬한 노를 발한다. 가난을 언급한 곳 중 500군데 이상이 가난한 사람들이 착취당하는 것에 대해 불타는 위협적인 선언을 한다. 특히 시편에서는 가난한 사람들에 대한 하나님의 관심과 착취에 대한 분노의 메시지가 메아리친다. 몇몇 예를 살펴보자.

• 살인자에게 보복하시는 분께서는 억울하게 죽어간 사람들을 기억하시며, 고난받는 사람의 부르짖음을 모르는 체하지 않으신다시 9:12.
• 그러나 가난한 사람이 끝까지 잊혀지는 일은 없으며, 억눌린 자의 꿈도 결코 헛되지 않을 것이다시 9:18.
• 악인이 으스대며 약한 자를 괴롭힙니다. 악인은 스스로 쳐놓은 올가미

에 스스로 걸려들게 해주십시오시 10:2.

- 굴 속에 웅크리고 있는 사자처럼, 은밀한 곳에서 기다리다가, 때만 만나면, 연약한 사람을 그물로 덮쳐서 끌고갑니다시 10:9.
- 주님, 일어나십시오. 하나님, 손을 들어 악인을 벌하여 주십시오. 고난 받는 사람을 잊지 말아 주십시오시 10:12.

다윗은 스스로를 가난한 사람으로 여겼으며삼상 18:23, 그의 시편들은 가난한 사람들과 억압받는 사람들의 심정을 반향하고 있다. 반면 아들 솔로몬은 화려한 중에 자랐지만 가난한 사람들의 가장 나쁜 적은 바로 그들 자신이라는 사실을 알고 있었다. '지혜 문학욥기, 잠언, 전도서, 아가'의 꽤 많은 구절들이 가난한 사람들을 위한 정의 문제를 다루고 있다 하더라도 가난에 대한 언급 중 많은 것들이 솔로몬의 이러한 관점을 반영한다. 현대에 와서 교회는 가난한 사람들에게 다시 관심을 가지기 시작하고 가난한 사람들을 위해 사역하는 사회 봉사자들이 많아졌는데, 이들은 종종 자신들이 돌보는 가난한 사람들 때문에 실망한다. 이와 관련해 가난한 사람들의 쓴마음과 무감각의 문제를 다룬 중요한 구절이 잠언 13장 8절이다. "가난한 사람은 협박을 받을 일이 없다."

가난한 사람들은 그들을 향한 비난이 아무리 합리적인 것이라 해도 그런 비판을 들을 수 없는 때가 온다. 반면 가난의 원인으로 게으름의 문제와 함께 '재판의 필요' 역시 언급되었다. 가난한 사람이 가난한 사람을 억압하는 추한 현상도 28장 3절에 언급되었다.

일반적으로 성경은 가난이 착취의 결과일 뿐 아니라 악화된 경제, 정치적 억압, 기근, 불운, 병 혹은 재난의 결과로도 보고 있는데, 보통 이런 것들은 하나님의 심판으로 이해된다. 물론 가진 것이 가장 적은 사람들이 가장 심각하게 타격을 받겠지만 이 심판은 개인적인 것보다는 공동체 전체에 내리는 것이라고 본다. 이때 가족의 생계를 꾸려갈 책임자가 없어짐으로써 가난에 처하게 된 과부와 고아에 대한 구절이 많이 나온다. 성경은 이들의 어려움을 덜어줄 만한 일이라면 무엇이든지 하도록 경건한 개인뿐 아니라 공동체에 책임을 강조한다.

예언서: 가난한 사람들에 대한 공의의 요구

성경에서 가난에 관한 구절 중 많은 부분을 예언서에서 찾아볼 수 있다. 여기에서 가난은 징계나 불운 혹은 나쁜 습관의 결과가 아니라 경제 분야에서 하나님의 법들을 지키지 않은 결과로 본다. 하나님의 법은 실행 가능하고 실제적이며 충분한 것인데 많은 사람들이 이런 법들을 위반해 가난해지고 땅의 기반을 잃게 되었다물론 이것은 20세기에도 '실업' 의 가장 중요한 이유다. 예언서는 이에 대한 변명으로 탐욕 외에 다른 이유가 없다고 말한다. 이 예언서들은 예언자들 자신의 이론을 주장하는 것이 아니라 주 하나님의 말씀에 따라 말하는 것임을 명심해야 한다. 예언자들이 가난한 사람들과 고통받는 사람들을 위한 동정을 호소할 때 가장 강조하는 것은 공의justice, 즉 경제 문제에 관한 법 조항들을 지키는 것이었다. 종종 '공의와 자비'라는 말을 들을 수 있는데, 공의는 법을 잘 집행하는 것이고 자비는 불의不義로 인해 고통받는 사람에게 법 이상의 특별한 도움을 베푸는 것이다.

예언자들은 공의를 회복하는 방법에 대해 여러 가지 다른 견해를 가지고 있다. 그것이 명백하게 정부의 책임일 경우 정부에 건의하기도 했고 지배자들에게 직접 엄청난 예언을 했다단 4:27; 겔 16:49; 전 5:8; 시 72. 특히 이사야, 예레미야, 에스겔의 권면은 대부분 국가 전체 혹은 누구라도 들을 귀가 있는 자들을 향한 것이었다. 그러나 아무도 들으려고 하지 않았기에 후대를 위해 적어도 하나님께서 이에 대해 말씀하셨다는 사실과 그가 말씀하신 대로 행하셨다는 사실을 알 수 있도록, 곧 하나님께서 가난한 사람들에 대한 정의를 요구하는 그의 목소리를 청종치 않은 나라를 벌하셨다는 사실을 알 수 있도록 기록을 남겼다.

시편 72편은 한 왕의 대관식을 노래한 시인데 공의를 유지하고 가난한 사람들을 변호해 주고 그들의 울부짖음에 귀를 열어야 할 왕의 책임에 관한 구절이 많이 있어서 주목할 만하다. 현대에는 정부의 규모가 크고 비대해짐에 따라 가난한 사람들은 집단 항의 외에 그들의 소리를 알릴 방법이 거의 없다. 심지어 어떤 기관이나 기구가 그런 목적을 위해 있다고 해도 대부분 너무 복잡해서 무익한 경우가 많다.

아모스는 이스라엘의 여인들을 특히 '바산의 젖소들'이라고 부르는데 이것은 살이 찌고 잘 먹은 모습을 가리키며, 그들이 남편들에게 요구하는 바가 많기 때문에 남편들이 가난한 사람들을 착취하도록 내몬다고 고발한다. "사마리아 언덕에 사는 너희 바산의 암소들아, 이 말을 들어라. 가난한 사람들을 억압하고, 빈궁한 사람들을 짓밟는 자들아, 저희 남편들에게 마실 술을 가져오라고 조르는 자들아"암 4:1.

매년 많은 교회에서 금식하는 기간인 '사순절'이 시작될 때마다 가장 널리 읽히는 구절은 종교적 견해와 사회 정의를 강력하게 연관시킨 이사야서의 말씀이다. "내가 기뻐하는 금식은, 부당한 결박을 풀어주는 것, 멍에의 줄을 끌러주는 것, 압제받는 사람을 놓아주는 것, 모든 멍에를 꺾어버리는 것, 바로 이런 것들이 아니냐? 또한 굶주린 사람에게 너의 먹거리를 나누어 주는 것, 떠도는 불쌍한 사람을 집에 맞아들이는 것이 아니겠느냐? 헐벗은 사람을 보았을 때에 그에게 옷을 입혀주는 것, 너의 골육을 피하여 숨지 않는 것이 아니겠느냐?"사 58:6~7.

이사야서에는 가난한 사람들에 대한 언급이 많다. "주님께서 백성의 장로들과 백성의 지도자들을 세워놓고, 재판을 시작하신다. '나의 포도원을 망쳐놓은 자들이 바로 너희다. 가난한 사람들을 약탈해서, 너희 집을 가득 채웠다. 어찌하여 너희는 나의 백성을 짓밟으며, 어찌하여 너희는 가난한 사람들의 얼굴을 마치 맷돌질하듯 짓뭉겠느냐?' 만군의 하나님이신 주님의 말씀이다"사 3:14~15. "가난한 자들의 소송을 외면하고, 불쌍한 나의 백성에게서 권리를 박탈하며, 과부들을 노략하고, 고아들을 약탈하였다"사 10:2.

예레미야는 왕을 향해 이렇게 말한다. '네가 남보다 백향목을 더 많이 써서, 집짓기를 경쟁한다고 해서, 네가 더 좋은 왕이 될 수 있겠느냐? 네 아버지가 먹고 마시지 않았느냐? 법과 정의를 실천하지 않았느냐? 그때에 그가 형통하였다. 그는 가난한 사람과 억압받는 사람의 사정을 헤아려서 처리해 주면서, 잘 살지 않았느냐? 바로 이것이 나를 아는 것이 아니겠느냐? 나 주의 말이다. 그런데 너의 눈과 마음은 불의한 이익을 탐하는 것과 무죄한 사람의 피를 흘리게 하는 것과 백성을 억압하고 착취하는 것에만 쏠려 있다"렘 22:15~17.

이런 이유로 많은 예언자들이 "돌로 맞기도 하고, 톱질을 당하기도 하고, 칼에 맞아 죽기도 하였습니다. 그들은 궁핍을 당하며, 고난을 겪으며, 학대를 받으면서, 양과 염소의 가죽을 입고 떠돌았습니다. 세상은 이런 사람들을 받아들일 만한 곳이 못 되었습니다. 그래서 그들은 광야와 산과 동굴과 땅굴을 헤매며 다녔습니다"히 11:37~38.

가난한 사람들에게 공급하시는 하나님

예언자들은 일반 시민들뿐 아니라 정부와 권력을 가진 자들 모두에게 가난한 사람들을 위해 공의와 자비를 베푸는 데 힘쓰라고 요청하는 반면, 사람들이 그 문제를 해결하기에는 너무 완고하거나 무기력할 때 하나님께서 친히 간섭하시도록 부르짖었다. 다음은 시편의 공통된 주제다.

"주님, 일어나십시오. 하나님, 손을 들어 악인을 벌하여 주십시오. 고난받는 사람을 잊지 말아주십시오. 어찌하여 악인이 하나님을 경멸하고, 마음속으로 '하나님은 벌을 주지 않는다' 하고 말하게 내버려두십니까? 주님께서는 학대하는 자의 포악함과 학대받는 자의 억울함을 살피시고 손수 갚아주려 하시니 가련한 사람이 주님께 의지합니다. 주님께서는 일찍부터 고아를 도우시는 분이셨습니다. 악하고 못된 자의 팔을 꺾어주십시오. 그 악함을 샅샅이 살펴 벌하여 주십시오.

주님은 영원무궁토록 왕이십니다. 이방 나라들은 주님의 땅에서 사라질 것입니다. 주님, 주님께서는 불쌍한 사람의 소원을 들어주십니다. 그들의 마음을 굳게 하여주시고, 그들의 부르짖음에 귀 기울여 주십니다. 고아와 억눌린 사람을 변호하여 주시고, 다시는 이 땅에 억압하는 자가 없게 하십니다"시 10:12~18.

이사야는 그의 주변에서 본 불의를 해결해 주실 것을 여호와 하나님께 호소했다. 이사야는 히스기야 왕의 계승자인 므낫세 왕에게는 배척을 받았지만 적어도 히스기야 왕의 재위 동안에는 왕에게 가까이 나갈 수 있었다는 점을 주목해야 한다. 그러나 오랜 세월에 걸쳐 얽혀 있는 불의를 해결하고자 희년을 지킨 히스기야 왕조차 충분한 개혁을 실행할 수 없었다사 37:30. 그리고 이사야가 하나님께 도움을 호소한 것 중 대다수가 므낫세 왕뿐 아니라 그 이전 왕들의 통치 동안에 공포조차 하지 않았을 것으로 보인다. 이사야 41장 17절은 하나님께서 가난한 사람들을 위한 이사야의 부르짖음에 대답하신 것이다.

- 가련하고 빈궁한 사람들이 물을 찾지 못하여 갈증으로 그들의 혀가 탈 때에, 나 주가 그들의 기도에 응답하겠고, 나 이스라엘의 하나님이 그들을 버리지 않겠다. 내가 메마른 산에서 강물이 터져 나오게 하며, 골짜기 가운데서 샘물이 솟아나게 하겠다. 내가 광야를 못으로 바꿀 것이며, 마른 땅을 샘 근원으로 만들겠다사 41:17~18.

- 나의 종을 보아라. 그는 내가 붙들어 주는 사람이다. 내가 택한 사람, 내가 마음으로 기뻐하는 사람이다. 내가 그에게 나의 영을 주었으니, 그가 뭇 민족에게 공의를 베풀 것이다. (공의와 택하심, 즉 성령 세례의 연관성에 유의하라.) 그는 소리치거나 목소리를 높이지 않으며, 거리에서는 그 소리가 들리지 않게 할 것이다. 그는 상한 갈대를 꺾지 않으며, 꺼져가는 등불을 끄지 않으며, 진리로 공의를 베풀 것이다. 그는 쇠하지 않으며, 낙담하지 않으며, 끝내 세상에 공의를 세울 것이니, 먼 나라에서도 그의 가르침을 받기를 간절히 기다릴 것이다. 하나님께서 하늘을 창조하여 펴시고, 땅을 만드시고, 거기에 사는 온갖 것을 만드셨다. 땅 위에 사는

백성에게 생명을 주시고, 땅 위에 걸어다니는 사람들에게 목숨을 주셨다. 주 하나님께서 이렇게 말씀하신다. "나 주가 의를 이루려고 너를 불렀다. 내가 너의 손을 붙들어 주고, 너를 지켜주어서, 너를 백성의 언약과 이방의 빛이 되게 할 것이니, 네가 눈먼 사람의 눈을 뜨게 하고, 감옥에 갇힌 사람을 이끌어 내고, 어두운 영창에 갇힌 이를 풀어줄 것이다"사 42:1~7.

- 너, 고난을 당하고 광풍에 시달려도 위로를 받지 못한 예루살렘아, 이제 내가 홍옥으로 벽을 쌓고, 청옥으로 성벽 기초를 놓겠다. 홍보석으로 흉벽을 만들고, 석류석으로 성문을 만들고, 보석으로 성벽 둘레를 꾸미겠다. 나 주가 너의 모든 아이를 제자로 삼아 가르치겠고, 너의 아이들은 번영과 평화를 누릴 것이다. 네가 공의의 터 위에 굳게 설 것이며, 억압이 너에게서 멀어질 것이니 너에게서는 두려움이 사라지고 공포 또한 사라져, 너에게 접근하지 못할 것이다. 그러나 어떤 무기도 너를 상하게 하지 못하고, 너에게 맞서서 송사하려고 일어나 혀를 놀리는 자를 네가 모두 논박할 것이다. "나의 종들을 내가 이렇게 막아 주고, 그들이 승리를 차지하도록 하겠다." 주님께서 하신 말씀이다사 54:11~14, 17.

- 너희 모든 목마른 사람들아, 어서 물로 나오너라. 돈이 없는 사람도 오너라. 너희는 와서 사서 먹되, 돈도 내지 말고 값도 지불하지 말고 포도주와 젖을 사거라. 어찌하여 너희는 양식을 얻지도 못하면서 돈을 지불하며, 배부르게 하여 주지도 못하는데, 그것 때문에 수고하느냐?사 55:1~2a.

- 겸손한 사람, 회개하는 사람, 나를 경외하고 복종하는 사람, 바로 이런 사람을 내가 좋아한다사 66:2b.

불의의 문제, 가난의 문제

우리는 공정하고 실행 가능한 법들을 통해 가장 근본적인 요소인 땅_{생활과 노동의 터전}을 공급함으로써 가난을 방지하는 것이 하나님 백성들의 책임이라는 사실을 알아보았다.

미국의 대통령이었던 아브라함 링컨이 이 원리를 잘 이해해 자유롭게 된 노예들에게 각각 40에이커의 땅과 노새 한 마리씩을 주도록 선포했다는 사실은 주목할 만하다. 그러나 미국 국민들은 이 문제를 두고 그들의 역사 중 가장 쓰라리고 처절한 싸움을 치렀다. 이 전쟁은 결국 양편 모두에게 유익이 되도록 타협함으로써 해결되었다. 즉 노예들은 자유의 몸이 되었지만 땅은 주어지지 않았다. 미국은 이 결정으로 인해 점점 더 쓴 열매를 거두고 있으며 아직 그 마지막이 어떻게 될지 알 수 없다. 교회는 침묵하고 있으며 흑인들은 성경의 법 아래서 그들의 권리가 무엇인지 들어보지 못한 채로 지내고 있다.

심지어 30가지 인간의 권리를 내세우고 있는 UN인권선언조차 하나님께서 가장 기본적인 권리로 가르치시는 땅과 공간의 권리를 교묘하게 제외하고 있다. 이러한 점 때문에 미국뿐 아니라 UN에 속한 어떤 나라도 가난의 문제를 해결할 수 없는 것이다. 한국, 일본, 대만, 홍콩, 싱가폴, 말레이시아 등과 같이 토지개혁에서 의미있는 움직임을 보여준 국가들은 지금도 여전히 토지에 대한 권리를 인정하기 거부하는 필리핀이나 방글라데시 같은 국가들보다 훨씬 더 번영하고 있다('인구 과잉'이라는 변명은 전적으로 허울뿐이다. 경작 가능한 면적과 농작물의 성장 시기에 비해서도 인구밀도가 가장 높은 대한민국이나 일본이 더 발전하고 있다).

공간에 대한 권리에 덧붙여 우리는 이자를 취한 것과 관련한 법들도 볼 수 있다. 다시 한 번 더 강조하자면 그리스도인들은 이 문제를 재검토할 의무가 있다. 특히 지난 140년 동안 들어온 자본주의에 대한 분노의 공격들을 볼 때 중세 신학자들 이후 신학자들은 거의 다루지 않은 이 문제를 심각하게 생각할 책임이 있다.

우리는 자비로 부르심을 깨달아야 한다. 비록 공의를 위해 투쟁해야 한다고 할지라도 공의가 행해질 때까지 기다리고만 있을 수는 없다. 또 공의를 실현하는 노력이 현재 이루어지고 있다 하더라도 지금 곧 해결해야 할 당면과제들이 있다. 우리는 이 문제들을 '자비'로 처리해야 한다. 개인이나 교회가 재산을 지혜롭고 관대하게 사용한다면 불의 문제들을 해결하기 전에 가난 문제는 많이 해결될 것이다.

우리가 '정상적인' 방법들을 모두 동원해서 가난을 제거하거나 약화시킬 만한 모든 일을 하는 동안에도 성경은 그리스도인들에게 부드러우면서도 확고하게 새로운 방법들을 제시한다. 그것은 바로 성령을 통한 방법이다. 이것은 전에 없던 전혀 새로운 것이며 비록 시도된 일이 있다 하더라도 성공적으로 시행되지 못한 이유는, 이 일이 성령의 내주하심에 의해서만 가능하기 때문이다 성령의 내주하심은 예수 그리스도를 통해서 거듭난 사람들에게만 가능한 것이다. 가난의 문제에 대한 새로운 해결책은 성령의 교제koinonia이다. 성경은 이것을 실행하기 위한 법이나 객관적인 방법을 이야기하지는 않았지만 신약에는 그것에 관한 언급들이 계속해서 나오며 예들도 있다. 이에 대하여는 앞으로 다시 논의할 것이다.

인간 존엄성의 문제

인간 존엄성의 문제는 성경 전체에 함축되어 있다. 그것은 인간이 하나님의 형상대로 창조되었다는 명제로부터 시작하며 "너는 너의 이웃을 네 몸처럼 사랑하여라"레 19:18는 명령으로 이어진다. 이 말은 내가 어떤 존엄성을 가지고 있든지 나와 관련이 있는 사람에게는 누구나 나와 똑같은 존엄성이 적용되어야 한다는 뜻이다. 구약에서 이 법은 이스라엘 사람들에게만 적용되었으나 신약에서는 이교도들과 외국인들에게도 확대 적용되었다착한 사마리아 사람의 비유 참조. 눅 10:29이하.

20세기에 들어와 인간 존엄성 문제가 중요하게 인식되었다. 종전 제국주의자였던 국가들이 과거 식민지 주민들에게 입혔던 손해를 보상해 주려는 노력으로 경제적, 의학적 혹은 그 외 다른 원조를 한다 하더라도 그들을 자신들을 포함해 다른 모든 인류와 동등하게 대하지 않는다면 그러한 도움은 아무리 많아도 불충분하다. 20세기 말을 특징짓는 분노와 항거 중 대다수가 부유하고 권력을 가진 자들이 '원조'를 확장하면서 생색을 내는 그 태도 앞에, 인간 이하의 취급을 받는 듯한 느낌에서 오는 좌절로 인해 불붙은 것이다.

성경을 읽고 그 내용을 이 세상의 상황과 비교해 본 사람이면 누구나 자기 이웃을 자기 몸과 같이 사랑하는 것은 성령의 능력으로서만 가능하다는 사실을 분명히 알 수 있을 것이다. 그러나 그 경우라도 우리가 이 문제를 알고 동시에 '마음이 겸손하고 온유한' 사람에게 약속된 도움을 구할 때만 가능하다. 하나님이 보시기에는 그들을 압제하는 자들이나 착취하는 사람들보다 가난한 사람들이 더 낫지도 않고 더 못하지도 않다.

정부, 교회, 개인의 책임

구약에서는 정부가 공의의 기본 원칙에 근거한 법률을 제정할 책임이 있다는 것을 알 수 있다. 물론 그 원칙 중 생활 공간에 대한 일반적인 필요가 우선되는 것은 물론이다. 생활 공간이 없는 사람은 공간을 제공해 준 사람을 전적으로 의존하게 되리라는 사실은 명백하다. 그는 자유롭지 못하다. 그는 일자리와 살 집을 구하면서 이 지주, 저 지주에게로 손을 벌리러 가야 한다. 현대처럼 '좋은 시대에는' 대부분의 사람들이 일자리를 구하고 집을 세내는 일이 별 문제가 되지 않는다고 생각한다. 그러나 '어려운 시대에는' 일자리나 집을 제공하는 사람이 없기 때문에 거할 곳_{space}이 없는 사람은 도시의 쓰레기더미 위에 판자로 오두막을 지어 살거나, 버려진 음식 또는 먹을 것과 바꿀 수 있는 폐품을 뒤지는 신세가 되리라는 것은 명백하다. 또 집도 직업도 없는 여자는 매춘에 빠질 수도 있고 높은 임금이나 좋은 집을 가진 사람이라 하더라도 고용주가 그를 파면시킨다면 그가 거지보다 더 품위 있다고 말할 수는 없을 것이다. 아니, 대부분 그런 사람은 거지보다 생활이 더 곤란하게 된다. 왜냐하면 사회적 지위 때문에 허울뿐인 개인적 품위를 유지하기 위해 온갖 부정한 일을 하게 될 수도 있기 때문이다.

각 시민들에게 살아갈 공간_{토지}을 제공하고 가난한 사람들을 채권자들과 착취자들로부터 보호하는 것은 정부의 책임이다. 또 정부는 억압받고 착취당하는 사람들이 자신들의 권리를 빼앗겼을 때 그 권리를 주장할 수 있도록 사법제도를 제공할 책임이 있다.

교회의 책임은 그 구성원들에게 심리적_{정서적}, 영적, 경제적 필요를 채워줄 성령의 교제인 '코이노니아'를 제공하는 것이다. 이것은 신약에 명백하게 설명되어 있으나 신학자들이 그 문제를 연구하지 않고 성경 번역가들도 '할렐루야'나 '메시아' 혹은 '그리스도'보다 더 전문적인 용어로 인정하지 않아 '코이노니아'의 충분한 영향이 무디어졌다. '코이노니아'와 그와 같은 어족의 용어를 번역하는 데는 17개의 다른 단어를 사용하여 누구도 '코이노니아'의 개념을 정확하게 이해하지 못하는 것이다. 고린도후서의 마지막 절은 코이노니아를 모든 것들 중의 가장 중요한 것, 즉 주 예수 그리스도의 은혜에 의해서만 가능한 것, 온 세상에 하나님의 사랑을 보여주는 것, 성령의 가장 우선적인 사역으로 간주한다. 그러나 많은 교회에서 '코이노니아'를 본래 의미와는 전혀 관계없고 다른 의미를 가진 말로 대체하고 있다.

역사적으로 교회가 4세기까지는 코이노니아를 이해했고 또 실천했으나, 세례받지 않은 '신자'인 콘스탄티누스를 325년에 열린 니케아 종교회의의 의장으로 받아들이면서 사실상 이를 포기한 것 같다. 이 글은 가난에 대한 성경의 가르침을 다루는 것이지 교회 역사를 다루는 것은 아니지만, 가난에 관한 신약의 가르침은 코이노니아라는 단어에 집약되어 있기 때문에 교회가 이 가르침을 무시하거나 거부한다면 가난의 문제를 논하기가 어렵다. 나는 코이노니아라는 단어가 신약에 54번이나 나타난 것을 지적하고 싶다. 하지만 이 주제는 좀더 자세한 연구가 필요하기 때문에 이 글의 범주를 넘는다.

정부와 교회가 다 하지 못한 나머지 책임들을 보충해 주는 것은 개인의 책임이다. 개인이 어느 정도까지 책임져야 하느냐 하는 것은 상황에 따라 다르지만 다행히도 신약은 우리가 하나님의 뜻을 행하고자 하면 그 뜻을 알 수 있을 것이라고, 지혜의 은사를 약속하고 있다. 개인은 교회의 일원으로든 이웃으로든 혹은 시민이나 정부 관리로든 하나님께서 그에게 기대하시는 일을 깨닫고 행할 능력도 가질 수 있다. 만일 어떤 그리스도인에게 사회문제들을 다룰 수 있는 정부 관리의 좋은 위치가 주어진다면 그는 주저하지 말고 기꺼이 승낙해야 한다.

갈라디아서 6장 5절은 각각 자기 몫의 짐을 지라고 말한다여기서 짐은 "서로 짐을 나누어지라"는 것과는 다른 의미로 쓰였다. 이와 관련한 구절로는 디모데전서 5장 16절이 있다. "어떤 여신도의 집안에 과부들이 있거든, 그 여신도가 그들을 도와주어야 할 것이요, 교회에 짐을 지우지 말아야 할 것입니다. 그렇게 하여야 교회가 참 과부들을 도울 수 있을 것입니다." 이 원리를 확장하면 우리는 소위 '책임전가passing the buck'라는 문제에 적용할 수 있다. 즉 그리스도인은 교회에 책임을 미루기 전에 그가 개인적으로 할 수 있는 일을 모두 해야 한다. 교회는 지역이나 국가 단체에 책임을 전가하기 전에 교회가 할 수 있는 일을 모두 해야 하며, 보다 큰 단체는 정부에 책임을 떠넘기기 전에 그 자체 내 권한의 범위 안에서 해결할 수 있는 문제들을 모두 해결해야 한다.

가난한 사람들을 위한 복음

교회는 가난에 대해 무엇인가 해야 할 책임이 있지만, 교회의 우선적인 과제가 가난의 문제를 해결하는 것이 아니며 '전도'나 '선교'라는 잘못된 견해가 현대 교회에 널리 퍼져 있다. 이러한 생각은 '복음'이란 말이 '가난한'이라는 중요한 단어와 분리되어 사용되기 때문이다. 예수께서는 단순히 '복음'을 전하러 오셨다고 말씀하시지 않고 "가난한 사람들에게 복음을 전하러 왔다"고 말씀하셨다(마 11:5, 눅 4:18. 그 밖에도 계 7:16을 눅 6:20과 마 5:3과 비교하라). 오랫동안 교회가 이에 대한 책임을 다하지 못했기 때문에 이슬람이나 공산주의가 번성했고, 소위 '기독교' 국가의 지배 하에 있던 많은 지역들의 현재의 혼란도 이에서 비롯하고 만 것이다.

가난한 부자의 문제: 라오디게아 교회

가난에 관해 신약에 한 가지 가르침이 더 있다. 요한계시록 3장 15~22절에 나오는 라오디게아 교회는 가난하지 않고 오히려 부유했다. 이 교회의 상황은 당시에만이 아니라 지배층이 주류를 이루는 교회와 소위 '기독교' 국가에서는 어느 시대를 막론하고 문제가 되어왔다. 비록 땅을 가진 지주들이 공직을 가지고 있지는 않더라도 정부의 배후에서 권력을 쥐고 있었기 때문에 직접, 간접적으로 그들이 라오디게아 교회를 지배했다는 사실을 주목해야 한다. 라오디게아 교회는 경제적으로는 부유했지만 영적으로는 가난하고, 비참하며, 불쌍하고, 눈이 멀었으며 벌거벗었다. 그러므로 그 교회가 회개하지 않는다면 그리스도의 입에서 토해내져 더 이상 그의 몸의 일부가 될 수 없을 것이다.

성경의 원리에 따라 가난의 문제를 다루는 단체들

가난의 문제를 다루는 실제적인 방법을 찾는 사람들을 위해 한마디 조언을 하자면 성경의 원리들을 문제들에 적용하는 일에 종사하는 관계 기관들의 목록을 작성하는 것이 필요한 듯하다. 이들 기관들 중에는 지대세 및 자유무역을 위한 국제 연맹International Union for Land Taxation and Free Trade에 의해 운영되는 헨리조지운동, 해비타트Havitat for Humanity, 영세민 주택공급운동, 공동체토지신탁운동Community Land Trust Movement, 그 외 많은 국가들에서 국제공동체들이 생겼고, 아미시파Amish, 후터파Hutterites 또는 중국의 예수가족Jesus Family과 같은 종교 공동체들이 있다. 독자들은 영적으로나 실제적으로 이들 단체들이 지혜롭게 성공적으로 사역할 수 있도록 기도해 주기 바란다. 성경적 세계관에 입각한 학술지인 《통합연구》에서는 이러한 단체들과 운동들에 대한 연구 논문을 쓸 사람을 지명하거나 아니면 적어도 관심있는 사람들이 보다 많은 자료들을 얻을 수 있도록 노력하고 있다(현재는 한국연구재단 등재학술지인 〈신앙과 학문〉이 그 역할을 하고 있다).

네 이웃을 네 몸과 같이

가난을 대하는 성경의 자세를 요약하면 "네 이웃을 네 몸과 같이 사랑하라"는 것이다. 결론을 말하자면 가난에 대한 궁극적인 해결책은 성령의 교제, 즉 코이노니아이다. 그러므로 "가난을 대하는 성경의 자세"라는 제목의 이 글을 "주 예수 그리스도의 은혜와 하나님의 사랑과

성령의 사귐이 여러분 모두와 함께하기를 빕니다"^{고후 13:13}라는 구절로
마무리 짓는 것이 적절한 듯하다.

11장

미가서 6장 주석

1절 주님께서 하시는 말씀을 들어라. "너는 일어나서 산 앞에서 소송 내용을 샅샅이 밝혀라. 산과 언덕이 네 말을 듣게 하여라.

2절 너희 산들아, 땅을 받치고 있는 견고한 기둥들아, 나 주가 상세히 밝히는 고발을 들어 보아라. 나 주의 고소에 귀를 기울여라. 나 주가 내 백성을 상대하여서, 고소를 제기하였다. 내가 내 백성을 고발하고자 한다.

3절 내 백성은 들어라! 내가 너희에게 어떻게 하였느냐? 내가 너희에게 짐이라도 되었다는 말이냐? 어디, 나에게 대답해 보아라.

4절 나는 너희를 이집트 땅에서 데리고 나왔다. 나는 너희의 몸값을 치르고서, 너희를 종살이하던 집에서 데리고 나왔다. 모세와 아론과 미리암을 보내서, 너희를 거기에서 데리고 나오게 한 것도 바로 나다.

5절 내 백성아, 모압의 발락 왕이 어떤 음모를 꾸몄으며, 브올의 아들 발람이 발락에게 어떻게 대답하였는지를 기억해 보아라. 싯딤에서부터 길

갈에 이르기까지, 행군하면서 겪은 일들을 생각해 보아라. 너희가 이 모든 일을 돌이켜보면, 나 주가 너희를 구원하려고 한 일들을, 너희가 깨닫게 될 것이다."

6절 내가 주님 앞에 나아갈 때에, 높으신 하나님께 예배드릴 때에, 무엇을 가지고 가야 합니까? 번제물로 바칠 일 년 된 송아지를 가지고 가면 됩니까?

7절 수천 마리의 양이나, 수만의 강 줄기를 채울 올리브 기름을 드리면, 주님께서 기뻐하시겠습니까? 내 허물을 벗겨 주시기를 빌면서, 내 맏아들이라도 주님께 바쳐야 합니까? 내가 지은 죄를 용서하여 주시기를 빌면서, 이 몸의 열매를 주님께 바쳐야 합니까?

8절 너 사람아, 무엇이 착한 일인지를 주님께서 이미 말씀하셨다. 주님께서 너에게 요구하시는 것이 무엇인지도 이미 말씀하셨다. 오로지 공의를 실천하며 인자를 사랑하며 겸손히 네 하나님과 함께 행하는 것이 아니냐!

하나님께서 우리에게 기대하시는 것 세 가지 중에서 첫 번째는 '정의롭게 행하는 것'이다. 기독교 국가들과 고용된 성직자들은 온갖 종류의 구제 사업 mercy mission 에 돈을 씀으로써 정의 문제를 은폐해 왔다. 만일 그들이 정의롭게 행했다면 그들이 행한 열 가지 구제 사업 중 아홉 가지는 불필요했을 것이다. 하나님은 이러한 위선을 싫어하신다.

반면 대만이나 홍콩과 같이 매우 높은 수준까지 정의를 행하는 국가들이 있지만 안타깝게도 그들은 하나님과 함께 겸손히 행하는 것에 관해서는 아무것도 모른다. 심지어 하나님이 누구신지조차 모른다. 하나님을 모르기 때문에 정의를 뒤엎으려고 쉬지 않고 노력하는 악한 사람들이 항상 존재한다. 그리고 홍콩의 경우(국민들을 위해 사용해야 할 세입의 3분의 2가 개인의 호주머니로 흘러들어가고 있다) 이런 사람들이 오히려 득세하고 있다. 그들을 노출시킬 만한 이들이 없고, 그들을 반대하는 사람들의 단체들은 미약하기 때문이다. 성경에서 정의가 언급되는 때는 언제나 정의의 성경적인 기초는 항상 땅이라는 사실을 명심해야 한다. 인간은 땅 없이는 살 수 없다. 땅이 없으면 자유도 없다.

신약은 가난한 사람들에게 '코이노니아'라는, 어떤 부패한 정부라도 무너뜨릴 수 없는 제도에 관해 말한다. 그러나 부패한 정부는 성경을 번역한 학자들을 부패시켜 많은 그리스도인들이 코이노니아가 무엇인지 혼동하도록 하는 데 성공했다('코이노니아'라는 그리스어를 번역하기 위해 17~23가지의 서로 다른 언어들을 사용했는데 그 단어는 그리스어를 사용하는 사람들에게는 놀랄 정도로 명백하다. 그 의미 중의 하나는 구약에서 주로 악당들의 결속관계로 사용된 것이었다). 그들은 또 교회가 정의에 대한 구약의 원리를 선포하는 데는 아무런 의무가 없다고 말했다.

예수께서는 율법과 선지자들을 폐하러 온 것이 아니라 완성시키러 왔다고 말씀하셨다. 그리고 그가 많은 사람들 앞에서 온유한 사람이 "땅을 차지할 것이다즉 그들이 땅을 그들의 권리로 받을 것이며 그것에 대해 값을 치르지 않을 것이다"라고 말씀하시고 그가 '주님의 은혜의 해희년, 즉 모든 땅이 원래의 권리자에게로 돌아가야 할 때이며 아무도—심지어 외국인들조차—재분배에서 제외되지 않음'를 선포하러 오셨다고 하셨을 때, 적어도 지주들에게 그의 죽음은 당연한 것이었다. 예수께서는 병든 사람들을 고치거나 애통해하는 사람들을 위로하고 사람들에게 착하게 살라고 가르치셨다는 이유로 형을 받으신 것이 아니다. 그는 구약의 정의가 널리 실행된 나라에 관해 말씀하셨고 땅이 없는 가난한 사람들의 큰 무리가 그를 추종했기 때문에 죽임을 당하셨다.

9절 들어라! 주님께서 성읍을 부르신다. (주님의 이름을 경외하는 것이 지혜다.) "너희는 매를 순히 받고 그것을 정한 나에게 순종하여라.
10절 악한 자의 집에는, 속여서 모은 보물이 있다. 가짜 되를 쓴 그들을, 내가 어떻게 용서할 수 있겠느냐?

현대는 정확하고 정직한 저울추와 자를 자랑하지만 사실 그것들은 재정적인(은행과 금융상의) 제도에서 부정직함으로 인해 모두 훼손되었다. 은행과 정부는 둘 다 아무것도 없는 상태에서 돈을 만들어 그것에다 어떤 가치를 부여한다. 오늘날 IMF국제통화기금는 그 장본인이며 엄청난 권력을 가지고 있다. 그 결과 모든 나라에서 한결같이 돈의 가치는 계속해서 떨어지고 있으며 노동자는 자기 아버지가 받았던 것과 같은 액수의 돈을 가지고는 살아갈 수 없게 되었다. 임금은 인플레이션을 따라잡기 위해 올라가지만 결코 잡을 수가 없다. 실질 임금은 계속 하락해서 위기가 닥치고 정의를 회복하기 위해 노력하는 사람들이 피를 흘리기도 한다. 그런 위기 속에서 '축소시킨 scant 자$_R$'로 인해 고통을 당하는 이들의 수는 계속해서 증가한다.

11절 틀리는 저울과 추로 속인 사람들을, 내가 어떻게 용서할 수 있겠느냐?
12절 도성에 사는 부자들은 폭력배들이다. 백성들은 거짓말쟁이들이다. 그들의 혀는 속이는 말만 한다.

이것은 조지스트들이 순진하게도 간과했던 사실이다. 부자들은 건전한 경제학의 가르침이 무시되는 한 행복하다. 만일 그 가르침이 실제로 그들의 제도를 쥐고 위협하게 되면 그들에게 잠재해 있던 포악성이 드러난다. 만일 거짓이 효과를 발휘하지 못하면 그들은 피를 흘릴 것이다. 전쟁이란 성이나 이념, 인정을 위해 싸우는 것이 아니라 땅을 얻기 위해 싸우는 것이다(《써머스비Sommersby》라는 영화는 땅의 문제를 매우 명백하게 보여준다. 써머스비는 사실상 땅을 재분할한다는 이유로 처형되었다).

러시아의 땅을 탐하는 서방의 부자들은 결코 가만히 앉아있지 않을 것이며 러시아에 정의를 건설하려는 조지주의자들을 방해할 것이다. 그들은 폭력을 휘두를 방법들을 찾을 것이며 그들과 함께 땅을 나눌 사람들에게 권력을 부여할 것이다. 러시아는 또 하나의 아일랜드로 향해 가고 있다.

땅이 문제의 핵심이다. 땅이 유일한 문제이다. 부자들이 추구하는 것이 땅이며 그들이 포악으로 가득하게 되는 이유도 땅 때문이다. 그러니 하나님의 초자연적인 힘만이 이러한 자연법을 바꿀 수 있다. 지금 우리에겐 러시아로 가고자 하는 성령충만한 경제학자들이 필요하다.

13절 그러므로 내가 너희에게 견디기 어려운 형벌을 내린다. 너희가 망하는
　　　것은, 너희가 지은 죄 때문이다.
14절 너희는 먹어도 배가 부르지 않을 것이며, 먹어도 허기만 질 것이며, 너
　　　희가 안전하게 감추어 두어도 하나도 남지 않을 것이며, 남은 것이 있
　　　다 하여도 내가 그것을 칼에 붙일 것이며,
15절 너희가 씨를 뿌려도, 거두어들이지 못할 것이며, 올리브 열매로 기름.

을 짜도, 그 기름을 몸에 바르지 못할 것이며, 포도를 밟아 술을 빚어
도, 너희가 그것을 마시지 못할 것이다.

16절 너희가 오므리의 율례를 따르고, 아합 집의 모든 행위를 본받으며, 그
들의 전통을 그대로 이어 받았으니, 내가 너희를 완전히 멸망시키고,
너희 백성이 경멸을 받게 하겠다. 너희가 너희 백성의 치욕을 담당할
것이다."

오므리의 율례16절는 레바논의 제도, 즉 바알 제도를 선호해 하나님
경제제도의 기초가 되는 레위기 25장의 땅에 대한 법들을 거부한 것을
말한다. 그것은 오므리와 동맹이며 아합의 장인인 엣바알이 북아프리
카로 전해 카르타고 제국, 후에는 로마 제국의 기초가 되었다. 로마의
한 이교도 작가는 "큰 영토가 로마의 멸망의 원인이었다"고 말했다. 로
마제국이 '기독교화'되었으나 여전히 오므리의 율례와 아합 집안이 행
한 일들을 그대로 보존하고, 교회가 그 사악함을 정죄하지 못하고 있
을 때 하나님께서는 모하메드를 일으키셨다. 그는 레위기 25장을 근거
해서 "땅은 알라에게 속한 것이다"라고 부르짖었다. 교회는 아직도 이
에 대해 회개하지 않았으며 이슬람교는 오늘날 공산주의보다도 기독
교에 더 큰 위협이 되고 있다.

예수께서 정의를 위해 십자가에서 죽으신 후 로마 제국은 바실 2세
가 죽기까지 정확하게 1,000년 동안 번영했다. 이 기간 동안(처음 325년
을 제외하고) 하나님께서 이스라엘에게 행하셨던 것과 똑같이 로마비잔
틴 제국에 터키족과 아랍족을 보내어 '경건성 Godliness'을 그처럼 서투르
게 흉내낸 것을 멸하실 때까지 로마 제국은 '기독교' 국가임을 주장했

다. 교회는 회개하지 않고 다만 그들이 이슬람교도들에게 빼앗긴 땅을 되찾고자 4세기 동안 피를 흘렸다. 오늘날 이슬람교도들에게 선교사를 보내 하나님께서 그들을 사랑하신다고 말하는 것이 어렵다는 것은 당연하지 않은가?

12장

아일랜드 문제의
근원

브리태니카 사전에는 아일랜드에 관해 다음과 같이 말한다.

- 켈트족은 조그마한 주State들을 설립했으며 자유인들이 집에 숙박하지 않고도 체류할 수 있는 간편한 집합소가 각 주의 핵이 되었다. 주민은 자유인과 비자유인, 노예로 구성되어 있다. 주로 자유인들이 토지를 자유롭게 소유하고 특정한 전문직이나 기술을 습득할 수 있는 특권이 있었는데, 초기 기독교 시대에는 라틴어 학교에서 교육을 받은 사람이면 모두 자유인이었다. 비자유인은 토지의 소작인들, 덜 숙련된 장인匠人과 노동자들이었다. 자유인들 중에서 귀족들은 특히 많은 부와 충분한 수의 피보호민들봉건 시대의 영주와 봉신의 관계와는 다르게 귀족들은 이들과 계약관계이며 어느 쪽이든지 원하면 계약이 파기될 수 있다을 소유했다.
- 아일랜드의 문화가 눈에 띌 정도로 발달하며 학문이 발생한 것은 바

로 이런 상황에서였다. 그러나 일찍이 AD 250년경 타라_{Tara}에서 왕
권이 발달하고 로마 제국이 붕괴하기 시작하면서 영국 해협을 건너
아일랜드로의 침략이 보편화되었다. 그러나 이 군주국은 대체로 상
징적이었으며 조공 요구는 없었다. 5세기부터 5개의 주요 왕국들이
7개로 대치되었다.

- 아일랜드의 법률들은 노르웨이 침입 전에 농업이 대규모로 발달해
있었음을 보여준다. 법률은 경작을 위해 토지를 세분하고 울타리를
치는 일 등 농업에 필요한 수많은 세목들을 상세하게 다루고 있다.
11세기와 12세기에 몇몇 왕들은 고대의 전통들을 제쳐놓고, 정복자
윌리엄에 의해 영국에 세워진 노르만족의 봉건제도를 소개하려고
힘썼으나 거의 성공하지 못했다.

이 시점까지 아일랜드는 그 문화권에서 경제의 척추로서 소규모 지
주들과 함께 자유롭고 독립적으로 남아있었다.

- 1155년 영국의 헨리 2세는 아일랜드의 교회와 국가를 진압시켜서
질서를 잡는다는 조건 하에 교황 아드리안 4세 _{유일한 영국인 교황}로부터
아일랜드 교구를 '상속유산'으로 받았다.

이것이 바로 '아일랜드 문제_{Irish Question}'의 시초이다. 무슨 권리로 교
회가 다른 사람의 땅을, 하물며 한 국가를 넘겨주는 것일까? 게다가 그
땅의 전체 주민을 착취와 과다한 노동에 시달리는 노예로 전락시키는
새로운 지주제를 도입했다. 지주제는 성경의 하나님의 법에 완전히 배치

되는 것으로, 아합이 북이스라엘에 도입했고 아합의 장인 엣바알에 의해 북아프리카로 전해진 것이다. 여러 세기 후 북아프리카에서 로마에 전해져 공화국이 파괴되고 황제가 나라를 다스리는 제국이 시작되었다.

- 1166년에는 자기 민족에 의해 라인스터_{Leinster}에서 추방당한 더모 맥머로_{Dermot MacMurrough}가 영국의 왕에게 아일랜드를 침입할 구실을 제공했다. 그는 영국에서 군대를 일으켜 자기 나라인 아일랜드를 침공했다.

이것이 아일랜드의 '질서를 바로 잡고자' 하는 영국의 '대과업_{mission}'의 시작이다. 비록 고대의 토지소유 제도가 점차로 붕괴되고 영국의 도움으로 소수의 탐욕스런 귀족들에 의해 봉건제가 대신 들어선 것이 명백하다 하더라도 말이다.

- '아일랜드 문제'가 현재의 형태를 띠게 된 것은 제임스 1세_{James I}의 통치에서 그 기원을 찾을 수 있다. 증오스런 영국의 (경제적, 정치적) 제도에 더 이상 맞설 수 없게 되자 1607년에 타이런_{Tyrone}과 거의 100명에 달하는 북부의 족장들이 아일랜드를 영원히 떠났다. 이 '백작들의 도주'는 가톨릭의 이익과 구 게일인들의_{Gaelic} 전통에 치명적인 손상을 주었다. 켈트족의 얼스터_{Ulster}는 이제 가장 영국적인 지역이 되었다.
아일랜드의 농장제 농업은 강력한 신교도들도 없고 국가도 안전하지 않으며 국교회도 교인을 확보하지 못한 상황에서 추진되었다.

1609년에는 국토가 여러 조각으로 분할되었다. 식민지배자들이 가장 좋은 땅에 들어왔고 수가 적은 아일랜드인들은 소작인으로 전락했다. 데리Derry 마을은 런던시로 편입되었고 런던 소재 회사들은 실제적으로는 그 지역country 전체를 자기들 것이나 다름없게 하는 인가를 받았다.

- 그러한 대규모 농장제는 실제로 크게 성공했고 처음으로 아일랜드의 많은 부분을 색슨계 지주들이 소유했을 뿐 아니라 스코틀랜드와 신교도 농부들이 경작했다. 얼스터 체제의 성공으로 인해 북웩스포드Wexford, 롱포드Longford, 라이트림Leitrim 및 그 밖의 지역에서도 농장제 농업이 일어났고 영국은 눈에 띄게 새로워졌다. 탐험가들과 투기업자들이 구 귀족계급을 대신했다. 이제 탄탄한 제도를 갖춘 자치도시가 예전의 마을들을 대치하게 되었다.

- 1641년에는 얼스터에 대반란이 일어나서 수천의 식민지배자들이 살해되었다. 영국 의회는 군대를 파견하기로 결의했고 재원을 충당하기 위해 몰수된 토지 중 생산성이 높은 250만 에이커를 제공했다.

- 그리하여 아일랜드는 구교도들이 민족적으로나 종교적으로 모두 증오하는 영국에게 정복당했고 그 대가를 치르게 되었다. 영국 군대의 재정지원을 받는 '탐험가들'(투기꾼)뿐 아니라 정복한 군대들에게도 아일랜드 땅에서 경비가 지불되었다. 예전 지주들은 가족과 가신들과 함께 콘노트Connaught로 이주하라는 명령을 받았는데, 그 땅은 대부분 질이 매우 낮았다. 크롬웰의 농장제 농업의 주요 효과는 새로운 영국식의 청교도 지주제를 아일랜드에 이식한 것이었다.

왕정복고 시대에는 토지의 3분의 1이 양도되었다. 이제 예전 소유자들이 아일랜드의 3분의 1을 차지했다. 구교도들은 약 8만에서 15만 명이었지만 자치단체들corporations 과 국회, 정부에서는 그들을 그다지 중요시하지 않았다.

- 윌리엄의 집권 하에서 영국의 위그당은 권력을 휘두르며 아일랜드 의 신교도 세력을 유지하고자 했다. 1699년 영국 의회는 약 75만 에 이커가 새로운 지주에게 양도되도록 확정했다. 그래서 한 세기 동안 아일랜드에 대한 세 번째 정복이 감행되었다. 아일랜드의 가장 탁월 한 사람들이 권리 박탈이나 사형, 망명 등에 의해 사라졌다. 남아있 는 사람들은 전 국토의 7분의 1만을 소유하게 되었다.

- 하노버당의 집권 하에서는 시적인 기억들(한때 타라Tara의 연구실에 영 혼의 음악을 울렸던 하프는 이제 아무 소리도 내지 않는다. 분개한 심장이 아 직도 살아있다는 것을 보여주기 위해 울릴 때를 제외하고는 ……) 속에 남 아있는 게일어를 말하는 종족 사이에 흐르는 강한 분노와 미래에 대 한 희망은 이제 시적인 것이 아니었다. 그것은 불공평한 법률과 유럽 의 어느 곳에서도 볼 수 없는 가장 악한 토지제도에 의해 생생하게 살아있다.

- 1700년대 말에는 미국 남북전쟁을 계기로 처음으로 아일랜드를 아 일랜드 사람들의 손에 의해 다루게 되었지만 아일랜드는 이제 '신교 도 국가'였다. 다만 1782년의 사면장relief bill 에 의해 구교도들이 토지 를 자유롭게 구입하고 자신들의 학교를 가질 수 있게 되었다.

- 1800년에는 인구가 450만 명이었고 구교도는 315만 명에 달했다. 앵글로계 신교도는 45만 명, 스코틀랜드계 신교도는 90만 정도였다. 이들 중 앵글로계 아일랜드인이 사회 계급 중 제일 상류를 차지했다.

이들은 지주, 관리, 신교인 국교회의 주교와 신부들, 몇 안 되는 대 농장주들 혹은 귀족 정치 정착을 위한 수행원들로 구성되어 있고 스코틀랜드계 아일랜드인들은 사업가들과 북동부의 농장주들이었던 반면 아일랜드의 구교인들은 소작농들과 노동자들이었다.

- 1881년에는 첫 번째 대 토지법령이 제정되어 소작료를 줄이는 과정이 시작되었다. 지주와 소작인들과의 관계는 가장 불행한 관계였고 신교도들은 모두 관리직을 독점했다. 공정한 소작료와 자유 판매, 보유기간 고정3F; Fair rent, Free Sale, Fixity of tenure을 위해 1850년에 시작된 운동은 마침내 지주제를 모두 철폐시켰다. 그러나 진짜 토지문제는 지주나 소작인에게 있는 것이 아니라 소규모 농장들이 늘어나고 인구가 그곳에 과잉밀집하는 현상이라는 사실은 잊혔다. 1881년에 약 60만 명의 농부들이 평균 약 30에이커1에이커=4046.8㎡의 토지를 경작하고 있었다.

- 영국의 지배하에 아일랜드 자유정부가 1922년 들어섰고 북아일랜드는 영국의 일부가 되었다. 1937년 인구조사에 의하면 로마 가톨릭이 42만 8,290명, 신교도 39만 931명, 아일랜드 국교도 34만 5,474명, 그리고 그 외 신교도가 11만 4,050명이었다. 여러 개의 토지 법령들 아래 단행된 토지개혁은 271만 5,700에이커의 땅을 에이커당 약 10파운드의 가격에 총 12만 2천 명이 구입하는 것으로 매듭지어졌는데, (각 22에이커, 통계자료는 누가 구매자인지 또는 그들이 다른 토지도 소유하고 있었는지에 대해서는 밝히지 않고 있다) 그 대부분은 정부 주도로 이루어졌다.

브리태니커 백과사전은 여기서 끝을 맺고 있다. 북부 지방에서의 토지개혁은 농지만을 대상으로 토지는 분배된 것이 아니라 매매되었고, 그 땅을 구입하기 위해 정부로부터 지급받은 대출금은 여전히 상환해야 했다. 그러나 그때부터 실질적인 세력은 공장과 상점, 관직을 지배했던 도시의 신교도 지주들에게 넘어갔다.

데이비드 질레트David Gillett는《신이 있는 곳의 어둠 The Darkness Where God is, 1983》에서 북아일랜드의 상황에 관해 "개리맨더링Gerrymandering, 선거구를 자기당에 유리하게 조작하는 행위은 지방 자치에서 빈약하게 대표를 구성하도록 조작함으로써 구교도들이 주택과 공공 편의시설 등에서 결과적으로 '가혹한 처사'를 받은 것을 의미한다. 주로 고용주였던 신교도들의 정책은 신교도만을 고용하는 것이었고, 이러한 경향은 보편화되었다. 북아일랜드를 현재와 같은 갈등으로 이끈 것은 바로 1968년의 이 공민권 결여에 대항한 캠페인이었다"고 말한다.

그러나 공민권 캠페인조차도 문제의 핵심을 파악하지 못했다. 성경에서 인정하고 있는 공민권은 땅이다. 땅이 없다면 국제연합UN이 권유한 30가지의 '인권선언'은 단지 노예들을 위한(노예가 되기 위한) 권리일 뿐이다. 아일랜드에서 권력의 근원이 되고 인간의 생계를 통제하는 땅이 누구의 것이냐고 물을 때, 우리는 다음과 같은 사실을 기억하지 않을 수 없다. 현재 3분의 2에 해당하는 신교도들은 아일랜드에 강제로 이주한 정착민들의 후예이며, 토지개혁 때 매매된 토지는 원래 아일랜드인의 것이었지만 영국인들에게 약탈되었다가 신교도 정착민들에게 주어진 땅이었다는 것이다.

기독교적으로 해결하기 위해서는 분명 회개하고 고백을 시작해야 한다. 소수의 목소리들이 나기 시작했다. 그러나 땅을 빼앗겨 생계가 파괴된 사람들의 분노 속에서 시작된 수류탄과 가정에서 만든 폭탄의 폭발에 의해 그 소리들마저 떠밀리고 있는 실정이다. 회개와 고백 후에는 반환이 뒤따라야 한다. 경제 세력의 기본 형태를 건드리지 않는 미미한 '토지개혁'은 문제를 혼란시키기만 할 뿐, 반환이라고 할 수 없다. 그리고 문제를 혼란시킨다는 것은 현재의 지주들이 그들의 '이권이 침해되고 있다는 것'을 정확하게 표현한다. 예전의 구호는 "분할하고 다스리라"였다. 어느 나라에서건 어느 누구도 이 점에 대해서는 현재 권력가들보다 더 잘 알지 못한다. 아일랜드인들이 영국의 압제와 약탈을 받아 900년간 품게 된 증오는 결코 불가사의한 일이라고 생각할 수 없다.

만일 이제 와서 아일랜드의 그 넓은 땅을 오랫동안 '소유'해 온 정착민들이 그 땅을 돌려준다면 그들 역시 갈 곳이 없게 되며 문제 해결은 쉽지 않을 것이다. 그러나 문제의 해결은 영국인들과 신교도들이 아일랜드인들과 구교도들에게 그들이 그리스도의 이름으로 무례하게 비기독교적인 행동을 한 것과 예수의 이름으로 피를 흘린 것, 성경은 토지가 영원히 매매되어서는 안 되고 50년마다 원주인의 후손들에게 돌려주어야 한다고 주장하고 있는데도, 종교의 이름으로 땅을 훔친 사실에 대해 용서를 구해야 한다.

마지막으로 성경적인 토지법들의 실행 가능성을 바라볼 수 없는 사람들을 위해 고전인 헨리 조지의 《진보와 빈곤*Progress and Poverty*》을 권한다. 이 책이 처음 출판되었을 때는 압도적인 수의 그리스도인들에게 지지를 받았으나 헨리 조지의 갑작스런 죽음 후에는 원인을 알 수 없는 음모에 의해 매장되었다.

13장

알래스카 주의
놀라운 일들

유토피아가 도래했다! 여러분은 이 지구상 어느 곳에 돈이 너무 많아서 엄청난 소비가 일어나고 있으며, 무절제한 사업에 정치가들, 시장들, 법조인들, 중개인들, 입법가들, 대리점들이 수백만 달러를 쏟아붓는 곳이 있다는 사실을 믿을 수 있겠는가?

현대 사회에는 늘어나는 실업과 지속적인 해고, 무주택자, 식량부족, 식량배급권 사용자들의 수, 자연 재난 혹은 그 외의 재난 등으로 회복할 수 없는 위기 속에 살아가는 사람들이 수없이 많다. 또한 늘어나는 빚과 채무불이행으로 예산이 형편없이 낮은 수준에 머물러 있는 지독히 가난한 도시들과 지역공동체들, 지방 자치단체나 소비자, 사업가들이 계속해서 증가하고 있다. 그런데 이러한 시대에 이와 같은 문제들이 전혀 위협이 되지 않고 오히려 그 반대의 상황이 전개되어 일자리나 공공자금이 남아도는 지역이 있다는 사실은 정말 주목할 만하고 놀라운 일이다.

그렇다! 미국의 대단한 국경지대인 알래스카에서는 이것이 모두 사실이다. 아직도 원유에 기초한 경제이긴 하지만 알래스카는 다행스럽게도 지금까지 원유를 공공의 토지에 부속된 것으로 보고 퍼올린 기름 1배럴당 토지 사용료와 세금을 받도록 하는 공정한 임차 계약제를 도입하고 있다. 그 주(州)의 소득은 1970년대 말에 3억 6,800만 달러이던 것이 1982년에는 4억 5천만 달러로 증대되었다.

일부의 토지는 개인에게 매매되었지만 그 토지의 세금은 생산된 석유의 양에 따라 징수된다. 그런데 그 '전리품들_{징수된 세금}'이 주 상원과 주의 대표들로 구성된 하원과 주지사에게 삼등분되어 그들 마음대로 무책임하게 사용되었다.

그러자 주민투표에 의해 예금조항_{savings option}이 만들어졌고 주 의원들은 놀라운 지혜를 발휘해 광물 차용액과 원유 로얄티 비축금의 25퍼센트를 주 외부의 안전한 증권에 투자하는 영속적인 기금_{공공트러스트}을 설립했다. 그 후 알래스카 주의 소득세가 면제되었다. 판매세와 근로세도 없어졌다. 알래스카의 모든 시민들(남자, 여자, 어린이 포함)은 한 사람도 빠짐없이 매년 약 1,000달러의 배당금을 받고 65세 이상 된 사람은 추가로 매달 250달라를 더 받는다. APF_{Alaska Permanant Fund}의 총자산은 현재 약 130억 달러이며 매년 증가하고 있다.

나쁜 소식

그런데 한 가지 나쁜 소식이 있다! 이렇게 되자 알래스카 주는 그 중심을 잃고 흔들리기 시작했다. 공화당 내에서 주지사와 상원 및 하원이 세금과 로얄티의 12퍼센트를 나눠갖고 그 돈을 어디에 사용했는지는 서로 묻지 않고 있다.

주지사는 농업에 필요한 기금을 새로 만들기로 결정했고 보리 생산과 유제품 공장, 도살장을 만들기 위해 거의 10억 달러를 투자했다. 그러나 사업은 대부분 실패했고 대출금의 75퍼센트는 아직 체납 상태다.

주정부는 여러 가지 프로그램을 만들어 내고, 담보물을 거의 요구하지 않고 자금을 대출해 주는 대리기관들을 세웠다. 그러나 이 사업 또한 실패했고 대출금을 갚을 수 없게 되었다. 은행과 금융업자들은 어려움에 처했고 많은 기관들이 주정부에 도움을 청했다.

주정부의 재정지원을 기대한 사람들은 사업을 시작하기 위해 돈을 빌렸고, 전문가들과 노동자들이 고용되었으며, 건물이 신축되었고 도로가 건설되고 많은 액수의 거래계좌가 조성되었다. 직업 기회가 보장되는 경제를 만들려는 시도로 삼림과 어업과 대체 에너지원들, 연구와 개발, 수력발전소, 댐 건설 등에 사업 보조금이 쉽게 대출되었다. 그러나 이들은 대부분 대출금을 갚지 못할 정도로 상황이 심각해지리라는 명백한 사실을 예견하지 못했다.

범죄형 활동, 공무원에 의한 계약 위반, '심각한 관직 남용'에 대한 주지사의 탄핵요청, '선동가들'의 이상한 잠적mysterious disappearance of 'whistle blowers', 연방 정부의 조사에 대한 대응력 부족, 밝혀지지 않는 대규모 은행잔고, 비밀거래, 독점계약, 노동조합의 남용union abuses, 원주민인디언들의 권리 및 재산 강탈, 환경과 자연 식량 공급원에 대한 경시, 공공자금을 탕진하여 생긴 빚과 빌린 재산을 가지고 도주하려는 경향, 지금 '깨끗이 씻어버리고' 떠나고자 하는 욕망, 이 모든 것들이 알래스카의 자원들에 대한 사람들의 땀을 앗아가고 있다.

좋은 소식

알래스카는 우리에게 어떤 교훈을 주는가? 사람들은 부패하고 이기적인 탈취자들이 될 수 있고, 정부와 공무원들과 주지사와 입법가들은 가장假裝한 대도가 될 수 있다는 사실은 당연하다 치더라도 환경의 순수성을 보존하려는 자들을 실망시키는 인디언들과 원주민들은 어떤가? 그러므로 우리는 책임감 있는 사업가, 노동자, 스스로 책임을 다하는 관광객, 해양법을 존중하는 국가들이 되어야 하고 또한 될 수 있다.

우리는 이처럼 가지각색의 일들이 뒤섞인 세상에서도 자본을 가치 있게 사용할 수 있는 사람들이 자본을 유통하는 것을 유지하고 보호하는 일이 여전히 가능하다는 사실을 알 수 있다. '토지를 공동의 소유'로 하고 토지를 사용할 때는 정당한 시장가로 기업에 임대해 주어 그때 생긴 돈은 주와 지방 살림에 사용할 수 있도록 모은다. 원유, 광물질, 삼림, 물, 가스, 물고기, 동물 및 그 외 다른 가치 있는 자원들을 사용하는 데 대한 정당한 요금을 받으면 주민 공동체를 유지하기 위한 계속적인 세입원이 보장될 수 있다. 확실한 담보를 가진 유가증권 목록에 있는 신탁기구에 돈을 투자함으로써 시민들에게 안정된 삶을 제공할 수 있다.

우리는 단지 자연이 제공한 혜택의 표면을 건드렸을 뿐이다. 만일 우리가 자연이 우리에게 베푼 것과 같은 방식으로 보고 듣고 반응한다면 자연으로부터 우리 각자에게 돌아올 배당이 있다. (위의 글에 대한 정보는 John Strohmeyer, 공저 Extreme Conditions : Big Oil and the Transformation of Alaska[Simon&Schuster, New York, 1993]에서 얻은 것임을 밝힌다.)

_할 세이저Hal Sager 버지니아 참사회 공동분과 의장

이 글은 성경의 가르침 중 두 가지를 생생하게 보여준다. 첫째, 정의란 토지(자연자원)가 하나님께 속한 것이며, 사람들이 그것을 통해 얻는 이익에 대해 임대료를 부과할 수 있다는 사실을 인식하는 것이다. 이것은 레위기 25장의 실제적인 적용이다.

둘째, 인간은 이기적이며, 만일 그가 하나님과 함께 겸손히 행하는 법을 배우지 않는다면 부에 의해 부패하게 될 것이라는 사실이다. 로마서 1장 29~32절과 예레미야 17장 9절을 보라.

선지자 미가는 "너 사람아, 무엇이 착한 일인지를 주님께서 이미 말씀하셨다. 주님께서 너에게 요구하시는 것이 무엇인지도 이미 말씀하셨다. 오로지 공의를 실천하며 인자를 사랑하며 겸손히 네 하나님과 함께 행하는 것이 아니냐!"미 6:8라고 말한다. 알래스카는 한때 정의를 행했고, 나이가 든 사람들과 아주 심한 가난 가운데 있는 사람들에게 자비를 보여주었다. 그러나 하나님과 함께 겸손히 행하는 것에 대해 아는 바가 없었기 때문에 부패하고 말았다. 똑같은 원리가 대만이나 홍콩, 혹은 하나님의 경제법칙들을 따름으로 커다란 부를 가져왔지만 하나님을 알지 못함으로 인해 계속 부패하는 다른 나라들에서도 관찰할 수 있다.

하나님과 함께 겸손히 행하는 것이 우선이 아니다. 예수께서는 그

당신의 '경건하고 신앙심이 깊은' 사람들에게, "너희에게 화가 있다! 너희는 정의와 자비와 신의와 같은 율법의 더 중요한 요소들을 버렸다"라고 말씀하신다. 오늘날 대부분의 기독교인들이 이런 상황에 있다. 그들은 아주 겸손하며 신앙심이 깊고 종교적이다. 자비는 버리지 않았다 하더라도, 확실히 성경에서 규정하는 정의를 무시하고 있다.

　아모스는 말한다. "나는, 너희가 벌이는 절기 행사들이 싫다. 역겹다. 너희가 성회로 모여도 도무지 기쁘지 않다. 시끄러운 너희 노랫소리를 나의 앞에서 집어치워라! 너의 거문고 소리도 나는 듣지 않겠다. 너희는 다만 공의와 물처럼 흐르게 하고, 정의가 마르지 않는 강처럼 흐르게 하여라"암 5:21, 23, 24.

온전한 하나님 나라 복음을 들을 수 있기를

김회권 | 숭실대 기독교학과 교수

성공회 선교사이자 사제였던 대천덕 신부님은 우리 한국에 파송되어 한국인의 하나님 나라 성민화를 위하여 중보하시다가 하나님께로 돌아가신 하나님의 사자였다. 대천덕 신부님은 훌륭하신 한경직 목사님이나 김수환 추기경도 도달하지 못한 영성과 신학적 식견의 고봉을 이루고 그것을 유산으로 남겼다. 그 유산의 작은 몫이 이 책에 담겨 있다.

필자는 20대 중반 1980년대 중반에 다행스럽게 신부님을 뵙고 가르침을 받았다. 초창기 토지정의 모임을 이끌던 고왕인 형제와 그 동역자들과 함께 대천덕 신부님 성경공부에 참여하면서 신부님의 하나님 나라 복음을 들었다. 도서출판 무실에서 나온 1980년 초반의 《토지와 자유》는 나의 20대에 가장 고귀한 책 중 하나가 되었다. 1987년에 신부님을 전주대학교 한국기독인대학인회ESF 전국수련회(1천여 명 기독청년 참여)에 주강사로 모시면서도 신부님의 가르침을 복음주의 선교단체 청년들에게 소개할 수 있었다.

이 책은 필생의 사역과 선교적, 신학적 관심을 압축하고 있다. 모두 3부로 구성된 이 책은 대천덕 신부님의 신학사상을 이론과 실제편으로 나눠 소개한다. 신부님의 신학은, 개인의 인격을 거룩하게 변화시키고 성화시키는 성령은 반드시 사회를 거룩하게 성화시키며, 성화된 개인과 성화된 공동체를 통해 이 땅에 하나님 통치를 구현하시는 하나님 복음의 핵심강령은 죄사함의 복음이며 죄사함의 복음을 받아들인 사회는 탐욕과 악마적 이기심을 해체한 사회라는 것이다. 이렇게 죄사함의 복음을 듣고 구원받은 개인과 사회는 토지를 만민에게 주시는 하나님의 선물로 받아들이는 정의와 자비가 조화된 세상을 만드는 데 기여할 수밖에 없다는 것이다.

1부 〈미성숙한 신학의 위험〉은 이 세상의 사회생활과 공동체 생활에서 실험되지 못한 신학, 실험될 수 없는 불완전 신학을 비판한다. 성숙한 신학은 성령을 통해 평화를 만드는 신학이며 그리스도의 장성한 분량까지 자라도록 전진을 촉진하는 신학이다. 성숙한 신학은 반드시 그리스도 안에서 출발하고 선악을 분별하며 행동으로 실증되고 실천되는 신학이다. 성숙한 신학에 의해 추동된 그리스도인과 교회는 차별하지 않고, 과거에 집착하지 않으며 사랑하며 조급하지 않고 인내하며 말과 행동에 조심을 거듭한다.

반면에 미성숙한 신학은 진리의 일부분을 전체로 오인하고 오식하여 이단 같은 역기능과 부작용을 일으킨다. 성령 없는 신학, 해방 없는 심리 조작적 구원신학, 십자가의 자기부인을 배척하는 아편신학, 현세적 기복을 절대시하는 기복신학이 바로 미성숙한 신학이다. 이 미성숙한 신학의 원인으로는 성경번역상의 오류(복음, 전도, 구속, 교제, 교회, 충만 등 핵심 용어의 통전성을 담보하지 못하는 축소주의적 번역), 불균형한 찬송가의 영향, 역사적으로 상속된 미성숙한 신학 유산 등이 지적된다. 대천덕 신부님은 이 미성숙한 신학을 극복하기 위한 기독교 교육을 주창한다. 계급주의 타파 교육, 한국의 재래적 인습과 문화 극복 등을 기독교 교육의 아젠더로 제시한다. 1부의 핵심이자 2부와의 가교를 담당하는 "5장 분열된 복음, 20세기의 재난"은 참된 성령세례를 알지 못하고 치우친 성령세례만을 가르친 조부 르우벤 아처 토레이의 성령론을 비판한다. 참된 성령세례는 가난한 자들을 복되게 하는 사회적으로 공평과 정의를 북돋우는 것임을 강조한다. 저자는 전쟁, 기근, 재난으로 얼룩진 참혹한 20세기의 참상은 교회가 자기 사명을 버렸기 때문에 벌어진 사태라고 진단하며 1부를 마무리한다.

이 책의 중심부인 2부 〈성경적 경제의 기초 원리〉는 만민에게 주어진 하나님의 무상공여 공공재이자 선물인 토지에 대한 바른 이해를 바탕으로 자발적이고 자원적인 희년경제론을 설파한다. 2부의 마지막 단락인 "9장 자원의 희년을 지키는 방법"은 구약과 성경의 50년주기 희년 해방법은 사회적으로 얼마든지 실천 가능한 사상임을 강조한다. 2부 전체의 논의는 성경의 율법들이 우리 인간사회가 직면한 여러 문제들에 대해 얼마나 유효적실한 하나님의 대안이자 해결책인지를 강조하는 데 방점을 찍고 있다.

구약성경 율법의 문자적 준수를 넘어 그것의 축자적 실천에 연루된 쟁점들에 매몰되지 않는다면 구약성경의 토지법이나 가난한 자 돌봄법은 얼마든지 현대사회가 받아들일 수 있다는 것이다. 성경의 사상은 특수한 이스라엘 역사라는 맥락에서 움텄으나 보편적인 적용성과 확장성을 보유하고 있다는 점을 설득력 있게 주장한다. 특히 대 신부님이 토지를 공공재로 여기는 현대 이스라엘의 키브츠와 모샤브 제도야말로 구약성경 토지사상의 현대적 확장 적용사례라고 본다는 점이 인상적이다.

3부 〈그리스도인은 사회문제를 어떻게 다룰 수 있을까〉는 성경의 토지공공재 사상이 어떻게 이스라엘의 바알과 아세라 종교에 의해 타락하고 변질되었는가를 파헤친다. 미가서 6장 16절이 말하는 오므리의 율례는 토지집중제, 지주제도를 옹호하는 바알종교를 북왕국의 오므리-아합 왕조가 받아들인 이교적 토지제도를 가리킨다. 마지막 부분에 등장하는 아일랜드 문제에 대한 논의는 20세기 세계 최대의 분쟁 갈등 지였던 아일랜드의 모든 문제가 바로 아일랜드 자유농민의 땅을 영국 왕실과 지주들이 사유화함으로써 생긴 문제임을 잘 해설한다. 마지막으로 저자는 알라스카 주가 실시하는 토지공유제 법과 제도의 빛과 어둠을 조명한다. 저자는 먼저 알라스카 주는 알라스카 석유자산을 모든 주민에게 나눠주는 주민배당제도를 통해 토지가 만민의 선물임을 실천하고 있는 점을 기쁜 소식이라고 말한다. 그런데 공화국 주지사와 정치가들은 이 석유자산을 부당하게 민영화, 사유화함으로써 알라스카 주민에게 속한 토지자산을 강탈하려 하고 있는 현실을 나쁜 소식이라고 고발한다.

결론적으로 이 책은 세 가지를 주장한다. 첫째, 모든 땅과 지구 자원은 하나님이 주신 선물이다. 영구적으로 사유화되거나 독점되어서는 안 되는 만민귀속재산이다. 이스라엘의 희년사상과 구약의 모든 율법들, 그리고 예언자들은 이 공변되고 정의로운 토지공유 사상에 입각하여 하나님 나라를 예고했다. 몸소 하나님 나라이신 예수 그리스도는 자원과 토지를 사유화하고 이웃을 노예로 부려먹는 악마적 정치체제와 영적 눌림으로부터 자유케 하는 하나님 나라를 선포하셨다.

둘째, 지금도 당장 이 희년과 하나님 나라 복음을 받아들이면 하나님의 통치가 임한다. 그런데 그 하나님의 통치는 예수 그리스도를 주라고 고백하는 자들에게 주어진 성령세례로부터 시작되고 개인의 성령세례를 넘어 성령충만한 교회공동체로까지 확장된다. 성령세례는 개인적이면서도 동시에 사회적이다. 성령세례는 개인적 죄사함을 넘어 사회 전체를 거룩하게 변화시킬 동력을 제공한다.

셋째, 교회가 성령의 해방과 구원 통로로 작동되지 못하는 경우에 온갖 재난과 참혹한 환난이 병발한다. 교회는 자원적인 희년운동을 펼쳐 하나님 나라의 중간단계 실천을 수행할 수 있다.

불완전하고 미성숙한 신학과 신앙에 얽매인 지역교회와 그리스도인들이 이 책을 통해 통전적이고 총체적인 하나님 나라 복음을 들을 수 있기를 간구한다. 로마서의 이신칭의의 복음, 주 예수 그리스도의 사죄복음이 나사렛 예수의 하나님 나라 복음임을 속히 깨달아 우리 한국교회가 이 땅을 거룩하게 변혁시키려는 하나님의 열심에 붙들리기를 간구한다.

사단법인 기독교세계관학술동역회
사역 소개

● 세계관 운동

삶과 학문의 모든 영역에서 예수 그리스도가 주인이심을 고백하고, 하나님의 말씀대로 생각하고 적용하며 살도록 돕기 위한 많은 연구 자료와 다양한 방식의 강의 패키지들을 준비하고 있습니다. 특히 삶의 각 영역에서 만날 수 있는 문제들에 대한 대안을 찾을 수 있도록 세계관 기초 훈련, 집중 훈련 및 다양한 강좌들을 비롯하여 기독 미디어 아카데미, 기독교 세계관 아카데미, 어린이 청소년 세계관 강좌 등 다양한 강의와 세미나가 준비되어 있습니다. 강의를 원하시는 교회나 단체는 기독교세계관학술동역회 사무국으로 연락해 주시면 친절히 안내해 드립니다.

● 기독교학문연구회

기독교학문연구회(KACS : Korea Association of Christian Studies)는 기독교적 학문 연구를 위한 학회로, 각 학문 분야별 신학과 학제간의 연구를 진행하여 신앙과 학문의 통합을 추구하고 있습니다. 연구 발표의 장으로 연 2회의 학술대회를 개최하고 있으며, 한국연구재단 등재학술지 〈신앙과 학문〉(1996년 창간)을 발행하고 있습니다.

● 월간 〈월드뷰〉

성경적 삶의 적용을 위해 정치, 경제, 사회, 문화, 교육 등 제반 영역에서 성경적 관점으로 조망하는 〈월드뷰〉는 세상바로보기 운동의 일환으로 매월 발간됩니다. 2013년부터 월드뷰는 이매거진 서비스를 제공하여 모바일로도 구독하실 수 있습니다.

● 기독미디어아카데미

기독미디어아카데미는 기독교 세계관으로 무장한 기독 언론인을 길러내기 위한 전문 교육 기관입니다. 급변하는 사회 속에서 갈수록 언론 본연의 기능을 잃어가는 반기독교적 미디어 환경 가운데 기독 언론인으로서의 정체성 확립을 위해 시작되었습니다.

● VIEW 밴쿠버기독교세계관대학원

1999년 7월, 밴쿠버기독교세계관대학원(VIEW)은 캐나다 최고의 기독교대학인 Trinity Western University 대학의 신학대학원인 ACTS와 공동으로 기독교세계관 문학석사과정(MACS-Worldview Studies)을 개설했습니다. 현재 캐나다 밴쿠버에 기독교세계관 문학석사 과정, 디플로마(Diploma) 과정을 운영하고 있으며, 2006년부터는 다양한 연수 프로그램(교사 창조론, 지도자세계관 학교, 청소년 캠프 등)을 개최하고 있습니다.

● CTC 기독교세계관교육센터

CTC(Christian Thinking Center)는 가정과 교회와 학교에 기독교 세계관 교육 콘텐츠를 제공함으로서 다음 세대 그리스도인들이 기독교 세계관으로 생각하고 살아가도록 돕는 것을 사명으로 하는 세계관교육기관입니다.

● 도서출판 CUP

바른 성경적 가치관 위에 실천적 삶을 살아가는 그리스도의 제자들을 세우며, 지성과 감성과 영성이 전인적으로 조화된 균형잡힌 도서를 출간하여 그리스도인다운 삶과 생각과 문화를 확장시키는 나눔터의 출판을 꿈꾸고 있습니다.

"물이 바다를 덮음 같이 여호와의 영광을 인정하는 것이 세상에 가득하리라"(합 2:14)

✛ ✛ ✛ ✛ ✛ ✛

■ (사)기독교세계관학술동역회 연락처_ ☎. 02)754-8004
(08807) 서울특별시 관악구 과천대로939 르메이에르 강남타운2, B 107호
(남현동. 1061-18)
E-mail_ info@worldview.or.kr
Homepage_ www.worldview.or.kr

■ 도서출판 CUP 연락처_ ☎. 02)745-7231
(04549) 서울특별시 중구 을지로 148, 803호(을지로3가, 중앙데코플라자)
E-mail_ cupmanse@gmail.com
Homepage_ www.cupbooks.com